Lukas Sauer

Servant Leadership als agiles Führungsmodell im Enterprise Scrum Framework

Potenziale, Herausforderungen und Anwendbarkeit

Bibliografische Information der Deutschen Nationalbibliothek:

Die Deutsche Nationalbibliothek verzeichnet diese Publikation in der Deutschen Nationalbibliografie; detaillierte bibliografische Daten sind im Internet über http://dnb.d-nb.de abrufbar.

Impressum:

Copyright © EconoBooks 2020

Ein Imprint der GRIN Publishing GmbH, München

Druck und Bindung: Books on Demand GmbH, Norderstedt, Germany

Covergestaltung: GRIN Publishing GmbH

Inhaltsverzeichnis

Abbildungs- und Tabellenverzeichnis

Abkürzungsverzeichnis

BO	Business Owner
BV	Business Value
CEO	Chief Executive Officer
DOD	Definition of Done
ES	Enterprise Scrum
ESC	Enterprise Scrum Coach
etc.	et cetera
MVP	Minimum Viable Product
PB	Product Backlog
PBI	Product Backlog Item
PCRI	Planning, Collaborative, Review, Improve
PM	Projektmanagement
PO	Product Owner
ROI	Return on Investment
SL	Servant Leadership
sog.	sogenannt
VLI	Value List Item
WIP	Work in Progress
z. B.	zum Beispiel

1 Einleitung

Die vorliegende Bachelorarbeit befasst sich mit der Untersuchung der Eignung von Servant Leadership als agiles Führungsmodell im Rahmen von Enterprise Scrum. Die Einleitung ist in die Darstellung der Thematik, den Forschungsstand, die Zielsetzung und in den Aufbau der Arbeit unterteilt und gewährleistet die Einarbeitung des Lesers in die Thematik der Arbeit.

1.1 Darstellung der Thematik

Märkte, Politik und so gut wie jeder Bereich, mit dem Menschen täglich konfrontiert werden, werden zunehmend dynamischer. Im Zuge der Digitalisierung sind Unternehmen, die Politik und der Mensch dazu gezwungen, zunehmend schneller und flexibler auf bevorstehende Herausforderungen und Veränderungen zu reagieren. Die Agilität wird in Unternehmen aufgrund der immer schnelleren Zyklen signifikant an Bedeutung gewinnen. Denn nur wenn ein Unternehmen schnell auf sich verändernde Prozesse oder Umweltbedingungen eingehen kann, ist es in der Lage, langfristig wettbewerbsfähig zu bleiben. Enterprise Scrum ist eine Möglichkeit Organisationen agiler zu gestalten, indem es jede Unternehmensebene als autonome und selbstorganisierende Einheit gestaltet. Der Begriff Disruption tritt heutzutage immer öfter auf und wird immer häufiger in den Kontext mit Agilität gesetzt. Disruption wird durch Agilität vorangetrieben. Alte Strukturen sollen im Zuge von disruptiven Prozessen aufgebrochen werden und somit den Weg zu flexiblem und agilem Handeln ermöglichen. Eine der zentralen Fragen, die sich Unternehmen heute stellen müssen, lautet also: Wie können Organisationen agiler werden?

Somit hat sich auch das Projektmanagement in den letzten Jahren bedeutend verändert. Zu den klassischen Ansätzen (z. B. Wasserfall-Methode) kamen neue, innovative Methoden (z. B. Scrum) hinzu, die sich durch agile Prozesse und iterative Schleifen an die zunehmende Dynamisierung der Märkte und die damit einhergehenden immer kürzeren Time-to-Market-Zyklen anpassen können. Durch die Neuerung der verschiedenen Bereiche sowie die Umgestaltung der Kommunikation innerhalb von Unternehmen ist es notwendig geworden, auch die Führungsebenen und Führungsstile an die veränderten Prozesse anzupassen.

Die alten Parameter, nach denen eine hierarchische Top-Down-Gestaltung der Führung möglich war, befinden sich im Wandel. Die Digitalisierung sorgt für die Neugestaltung der Arbeitswelt. Führungskräfte sind mit volatilen Märkten, zunehmendem Wettbewerbsdruck, komplexeren Prozessen und steigender Unsicherheit konfrontiert. Deshalb werden innovative Führungskonzepte benötigt, die eine agile und schnelllebige Organisation unterstützen und ihre Mitarbeiter durch die Digitalisierung zu selbstbestimmtem und innovativem Handeln fördern. Werte wie Offenheit, Mut, Transparenz, Commitment, Innovationskraft und Teamfähigkeit haben im Zuge des digitalen Wandels signifikant an Bedeutung gewonnen.

1.2 Forschungsstand

Die vorliegende wissenschaftliche Arbeit befasst sich mit der Untersuchung der Eignung von Servant Leadership als agiles Führungsmodell im Rahmen von Enterprise Scrum. Somit ordnet sich die Arbeit thematisch in die Führungs- und Organisationsforschung ein. Aufgrund dessen wird an dieser Stelle auf die grundlegenden Bestandteile der Führungs- und Organisationsforschung im Rahmen von Servant Leadership und Enterprise Scrum eingegangen, um den aktuellen Forschungsstand bezüglich dieser Themengebiete aufzuzeigen.

In den vergangenen Jahren war zu erkennen, dass ethikbezogene Fragestellungen vermehrt Aufmerksamkeit bekommen haben. Ein Führungskonzept, das in diesem Zusammenhang maßgeblich an Bedeutung gewonnen hat, ist Servant Leadership. Das Führungsverständnis, das auf die Gedanken von Robert K. Greenleaf in seinem Essay ‚The Servant as Leader‘ (1970) zurückgeht, beinhaltet eine kompromisslose Ausrichtung der Führung auf die Interessen und Weiterentwicklung der Geführten. Aus wissenschaftlicher Sicht erfährt dieses Konzept erst seit wenigen Jahren Beachtung, dadurch lässt sich die noch relativ lückenhafte empirische Forschung zu Servant Leadership erklären. Bisher wurden hauptsächlich die Wirkungen von Servant Leadership auf Gruppen- und Individuen-Ebene untersucht. Auf die organisationale Ebene beziehen sich nur vereinzelte empirische Studien. Die vorhandenen Studien zeigen, dass Servant Leadership auf Gruppen- und Individuen-Ebene sowie auf organisationaler Ebene positive Auswirkungen auf die Teameffektivität und Gesamtrentabilität des Unternehmens haben kann, wenn bestimmte Rahmenbedingungen geboten werden.[1]

Das Enterprise Scrum Framework ist ein agiler Organisationsansatz von Mike Beedle der im Januar 2018 in ‚Enterprise Scrum Definition: Business Agility for the 21st Century‘ vorgestellt wurde. Enterprise Scrum basiert auf dem Ansatz von Scrum und entwickelt Scrum zu einem multidimensionalen Framework für

---

[1] Vgl. Verdorfer, A.P., Peus, C., Leadership, 2015, S. 67 ff.

Unternehmensagilität weiter. Somit ermöglicht es Enterprise Scrum, jede Unternehmensebene agiler zu gestalten. Aufgrund der Neuheit des Themas und weil der Autor Mike Beedle durch einen Raubüberfall ums Leben kam, gibt es keine wissenschaftliche Forschung, die sich mit Enterprise Scrum beschäftigt.[2]

1.3 Zielsetzung

Um zu evaluieren, ob Servant Leadership als agiles Führungsmodell im Rahmen von Enterprise Scrum sinnvoll einsetzbar ist, werden in dieser Arbeit die Potentiale der Kombination der beiden Ansätze untersucht, indem unterschiedliche Aspekte von Servant Leadership auf das Enterprise Scrum Framework projiziert werden. Im Kern der Arbeit stehen folgende Forschungsfragen:

- Welche Potenziale bietet Servant Leadership als agiles Führungsmodell im Rahmen von Enterprise Scrum?
- Wie gestaltet sich die Anwendbarkeit von Servant Leadership als agiles Führungsmodell im Rahmen von Enterprise Scrum?

Einen durchgreifenden Entwurf für die sukzessive Adaption von Servant Leadership im Enterpreise Scrum Framework soll diese Arbeit nicht liefern. Vielmehr soll auf die Eignung als auch die Potenziale durch die Integration der beiden Ansätze eingegangen werden. Es soll aufgezeigt werden, in welchen Bereichen Servant Leadership im Enterprise Scrum Framework zweckmäßig angewendet werden kann und warum es sich für diese Bereiche eignet.

Abseits des theoretischen Teils besteht das Hauptziel der Arbeit darin, die Eignung des agilen Führungsmodells im Enterprise Scrum Framework darzustellen. Diesbezüglich soll überwiegend auf die Potentiale eingegangen werden, die aus der Kombination einer agilen Organisationsstruktur mit einem agilen Führungsmodell resultieren.

1.4 Aufbau der Arbeit

Um eine einheitliche Argumentationsbasis für die vorliegenden Thematik, die Eignung von Servant Leadership als agiles Modell im Rahmen von Enterprise Scrum, zu schaffen, werden in den Kapiteln zwei und drei die Grundlagen von agilen Organisationen und die agile Projektmanagementmethode Scrum vorgestellt. Darauf

---

[2] Vgl. Beedle, M., Enterprise Scrum Definition, 2018a.

aufbauend wird im vierten Kapitel das skalierte, multidimensionale agile Enterprise Scrum Framework dargestellt, um seinen generellen Aufbau nachzuvollziehen. Der Fokus des vierten Kapitels liegt darauf, die Grundidee von Enterprise Scrum, die sich verändernden Hierarchieebenen, also auch die Elemente und Funktionsweisen des Frameworks, vorzustellen und zu erläutern. Das darauffolgende Kapitel fünf befasst sich mit dem agilen Führungsstil des Servant Leaders. So wird zunächst auf die Idee des Ansatzes und auf die Erklärung der Begriffe ‚Dienen‘ und ‚Führen‘ eingegangen. Des Weiteren werden die konzeptionellen Grundlagen erläutert. Kapitel vier und fünf legen mit ihrer Ausarbeitung der Ansätze von Enterprise Scrum und Servant Leadership den Grundstein zum Verständnis des sechsten Kapitels.

Kapitel sechs widmet sich der Zusammenführung der beiden innovativen Ansätze. Beginnend mit dem Aufzeigen von Parallelen in ihrer Philosophie werden die Einbindung des agilen Führungsmodells in das Enterprise-Scrum-Modell evaluiert sowie die Potentiale von Servant Leadership in Kombination mit Enterprise Scrum herausgestellt.

Kapitel sieben befasst sich mit den Limitationen der Arbeit, indem die Erkenntnisse resümiert sowie kritisch reflektiert werden. Das achte Kapitel widmet sich dem Fazit in dem die Erkenntnisse der Arbeit zusammengefasst werden. Darauf aufbauend werden die gewonnenen Erkenntnisse auf die zentralen Fragestellungen bezogen, auch ein Ausblick auf weitere Forschungsthemen rund um die Eignung von Servant Leadership als agiles Führungsmodell im Rahmen von Enterprise Scrum wird geboten.

Da das Enterprise Scrum Framework ein neues Konzept ist, welches noch nicht ausreichend erforscht wurde, wird diese Arbeit eine Literaturarbeit sein. Aus dem Grund werden zur Analyse der Eignung von Servant Leadership als agiles Führungsmodell im Rahmen von Enterprise Scrum hauptsächlich wissenschaftlichen Journals, Fachliteratur und qualifizierte Internetseiten ausgewählt. Zusätzlich wurde Kontakt zu Simon Roberts aufgenommen, welche ein zertifizierter Enterprise Scrum Instruktor ist, um mehr Informationen über den Ablauf und die Skalierung von der verschiedenen Unternehmensebenen zu bekommen. Als Grundlage der Literaturarbeit werden die Primärquellen der verschiedenen Kapitel herangezogen, in der Arbeit thematisch zusammengefasst und anhand des aktuellen Forschungsstandes der Themengebiete zu einem Gesamtergebnis resümiert.

2 Grundlagen von Agile Enterprise

Durch den exponentiellen technologischen Fortschritt und die daraus resultierende zunehmend komplexere Welt sind Organisationen dazu gezwungen, schnelllebiger und flexibler zu werden. Anders ausgedrückt: Unternehmen müssen ‚agiler' werden. Es ist also notwendig, dass sich Unternehmen umstrukturieren und umorganisieren, um schnellstmöglich auf Veränderungen reagieren zu können. Deshalb ist es für den weiteren Verlauf der Arbeit notwendig, bestimmte Grundlagen agiler Unternehmen zu erläutern.[3]

2.1 Das agile Manifest – vier Leitsätze

Das ‚Agilie Manifesto' ist ein Manifest aus der Softwareentwicklung, das 2001 in Utha von siebzehn Software-Entwicklern unterzeichnet wurde. Es besteht aus vier Leitsätzen, zu denen sich die Unterzeichner verpflichtet haben. Im nachfolgenden Abschnitt wird das agile Manifest dargestellt und im Anschluss daran erläutert.

> „Wir erschließen bessere Wege, Software zu entwickeln, indem wir es selbst tun und anderen dabei helfen. Durch diese Tätigkeit haben wir diese Werte zu schätzen gelernt:
>
> **Individuen und Interaktionen** mehr als Prozesse und Werkzeuge **Funktionierende Software** mehr als umfassende Dokumentation **Zusammenarbeit mit dem Kunden** mehr als Vertragsverhandlung **Reagieren auf Veränderung** mehr als das Befolgen eines Plans
>
> Das heißt, obwohl wir die Werte auf der rechten Seite wichtig finden, schätzen wir die Werte auf der linken Seite höher ein."[4]

Das dargestellte agile Manifest bildet ein neues, einheitliches Wertesystem, das agile Methoden bzw. die dazugehörigen Denkweisen konkretisiert. Aus dem Manifest für agile Softwareentwicklung lässt sich deutlich herauslesen, dass der Schwerpunkt von Agilität auf dem Menschen, also der Ressource selbst liegt und nicht auf dem zugrundeliegenden Prozess. Durch die weitere Ausführung der vier Leitsätze wird deutlich, dass hier ein neuer, innovativer Ansatz verfolgt wird. Wie bereits oben angedeutet wurde, distanzieren sich die Autoren von zahlreichen klassischen Modellen und setzen neue Schwerpunkte, unter anderem den der

---

[3] Vgl. Linder, D., Agile Unternehmen, 2017, S. 4 ff.
[4] Beck, K. et al., Agile Werte & Prinzipien, 2001.

‚Agilität'. Eine der Kerneigenschaften von Agilität liegt in der Kommunikation des Teams untereinander wie auch mit externen Zweigstellen. Dadurch soll gewährleistet werden, dass das Team schnellstmöglich auf sich verändernde Prozesse oder Wünsche des Kunden eingehen kann.

2.1.1 Prinzipien der Agilität

Zusätzlich zu den agilen Werten des agilen Manifests wurden 2001 zwölf Prinzipien der Agilität aus diesen Werten abgeleitet, die Handlungsgrundsätze darstellen. Vier dieser Prinzipien beziehen sich stark auf die Eigenheiten der Softwareentwicklung. Aus diesem Grund werden in diesem Kapitel nur die Prinzipien vorgestellt, die auf das allgemeine PM übertragbar sind. Das Verstehen dieser Prinzipien ist essenziell, um agile Organisationen und somit auch das agile PM zu analysieren. Die Prinzipien der Agilität bietetn eine Orientierungshilfe, um den Kern von Agilität zu ergründen.[5]

1. **Iterationen** – Produkte werden schrittweise entwickelt. Nach jedem Schritt wird eine Rückmeldung vom Kunden eingeholt.

2. **Inkremente** – Nach einer Iteration bekommt der Kunde ein funktionierendes Teilprodukt zu sehen.

3. **Einfachheit** – Es werden nur die Arbeiten geleistet, die wirklich nötig sind.

4. **Veränderung begrüßen** – Veränderungen der Anforderungen werden als alltäglich betrachtet und möglichst als Chancen genutzt.

5. **Reviews** – Der Kunde wird regelmäßig einbezogen und bekommt Teilprodukte zu sehen. Zu diesen kann er Feedback geben.

6. **Retrospektiven** – Der Prozess und die Zusammenarbeit im Projekt werden regelmäßig beleuchtet und verbessert.

7. **Selbstorganisierte Teams** – Teams organisieren sich selbst. Sie arbeiten dadurch effektiv und übernehmen hohe Verantwortung für das Produkt.

8. **Kooperation von Fachexperten und Entwicklern** – Missverständnisse und Reibungsverluste in der Kommunikation werden durch direkte Zusammenarbeit minimiert.[6]

---

[5] Vgl. Preußig, J., Projektmanagement, 2015, S. 15.

[6] Vgl. Preußig, J., Projektmanagement, 2015, S. 45 ff.

Durch einen Entwicklungsprozess, der in engem Kontakt mit dem Kunden durchlaufen wird, können durch Iterationen und Inkremente in kurzer Zeit Minimum Viable Products erzeugt werden. Das eigentliche Produkt entsteht nach einer Vielzahl von transparenten Zyklen, in denen es stetig an die Kundenbedürfnisse angepasst wird. Jedes Inkrement soll ein funktionierendes Teilelement des Gesamtproduktes hervorbringen. Die Einordnung der verschiedenen Inkremente ist außerhalb der Softwareentwicklung von essenzieller Bedeutung.[7] Das Prinzip der Einfachheit umfasst die Konzentration auf die wesentlichen Erfolgsfaktoren der Produkterstellung. Überflüssige Tätigkeiten sollen hierbei vermieden werden. Das Begrüßen von Veränderung stellt eine positive Grundhaltung dar. Durch die verzögerte Detailplanung und geringe Dokumentation, die durch die Iterationen zustande kommen, sind Veränderungen mit weniger Aufwand verbunden. Beim Review werden die MVP vorgestellt und können vom Kunden ausprobiert werden. Durch diesen Vorgang können sich ändernde Kundenbedürfnisse genauer formuliert werden.[8]

Die Prinzipien der Retrospektive, Selbstorganisation und Kooperation nehmen Bezug auf interne Gegebenheiten. Retrospektiven dienen der ständigen Weiterentwicklung von technischen Fähigkeiten und Arbeitsprozessen. Selbstorganisierte Teams, die ein hohes Maß an Eigenverantwortlichkeit aufweisen, benötigen eine hohe intrinsische Motivation aufgrund der hohen Verantwortung. Die sich selbst organisierenden Teams entscheiden eigenständig über die zu bewältigende Arbeitslast. Das letzte agile Prinzip, die Kooperation von Fachexperten und Entwicklern, stellt die Kommunikation und Kollaboration des gesamten Teams in den Vordergrund. Diese Zusammenarbeit ist essenziell und sollte über die gesamte Projektlaufzeit stattfinden.[9]

2.2 Agile Organisationen

Klassische Organisationsstrukturen gehen von stabilen, langfristigen und gut prognostizierbaren Umweltbedingungen aus. Deshalb sind sie in dem sukzessiven Wandel hin zu einem Technologiezeitalter, in dem die Märkte auf lange Sicht nicht gut prognostizierbar sind und zunehmend an Dynamik gewinnen, gefährlich. Die Handlungsfähigkeit von Unternehmen kann durch sich verändernde Faktoren beeinträchtigt werden. Um auf diese sich wandelnden Umweltbedingungen reagieren

---

[7] Vgl. ebd.

[8] Vgl. ebd.

[9] Vgl. Röpstorff, S., Wiechmann, R.: Scrum, 2016, S. 17 ff.

zu können, wird die Metakompetenz Agilität benötigt. Der Autor und Unternehmensberater bei Kienbaum, Jens Bergstein, sieht Agilität als signifikante Eigenschaft für Unternehmen an, um die Digitalisierung zu meistern, und beschreibt Agilität als „Die Fähigkeit einer Organisation, rasch auf Veränderungen zu reagieren".[10] Die Grundkonzeption einer agilen Organisation wurde durch die Wertevorstellungen der Unterzeichner des agilen Manifests bedeutend verändert.

In der Change-Management-Studie 2014/2015 von Kienbaum Management Consultants wird die Agilität einer Organisation durch zwei Teilkomponenten erweitert: Sensitivität und Reagibilität. Sie bilden eine Grundvoraussetzung für eine agile Organisation. Die Sensitivität ist die Wahrnehmung von sich schnell und kurzfristig ändernden Umweltveränderungen. Sie ist notwendig, um auf diese Veränderungen adäquat eingehen zu können, denn wenn sie nicht erkannt werden, ist das schnelle Agieren der Organisation nicht möglich. Die Reagibilität beschreibt die Fähigkeit des Unternehmens, schnell und flexibel auf die wahrgenommenen Veränderungen einzugehen. Die Metakompetenz Agilität ist nicht nur notwendig, um agil auf Veränderungen zu reagieren, vielmehr ist sie auch ein treibender Faktor, um Wettbewerbsvorteile und durch Veränderung entstehende Chancen zu erkennen und auszubauen.[11]

In Abbildung 1 sind die sog. Driver veranschaulicht. Sie stellen die Einflüsse der Digitalisierung auf Unternehmen dar und führen dazu, dass die Metakompetenz Agilität von Unternehmen weiterentwickelt werden muss. Hohe Wettbewerbsintensität, ein dynamisches Umfeld und Rahmenbedingungen, technologische Veränderungen und instabile Kundenpräferenzen sind nur vier von den möglichen Faktoren, die die Unternehmen unter Druck setzen.[12] Neben den externen Faktoren, die Druck auf Unternehmen ausüben, gibt es auch Faktoren, die die Metakompetenz Agilität fördern. Diese Faktoren werden in der Grafik Enabler genannt. Enabler sind besondere Fähigkeiten wie eine gute Infrastruktur, organisationale Kompetenzen und Strukturen einer Organisation, die das Unternehmen hin zur Sensitivität und Reagibilität – also zur Agilität – führen. Demnach spielt bei einer agilen Organisation die Ressource Mensch eine signifikante Rolle. Sie reicht durch alle Hierarchieebenen durch und umfasst das Management wie auch die Mitarbeiter.

---

[10] Vgl. Mollbach, A., Bergstein, J., Change-Management-Studie, 2014/2015, **S. 7.**

[11] Vgl. Mollbach, A., Bergstein, J., Change-Management-Studie, 2014/2015, S. 7 ff.

[12] Vgl. Mollbach, A., Bergstein, J., Change-Management-Studie, 2014/2015, S. 7.

Erst durch diese Enabler kann eine Organisation sensitiv und reagibel, also agil handeln.

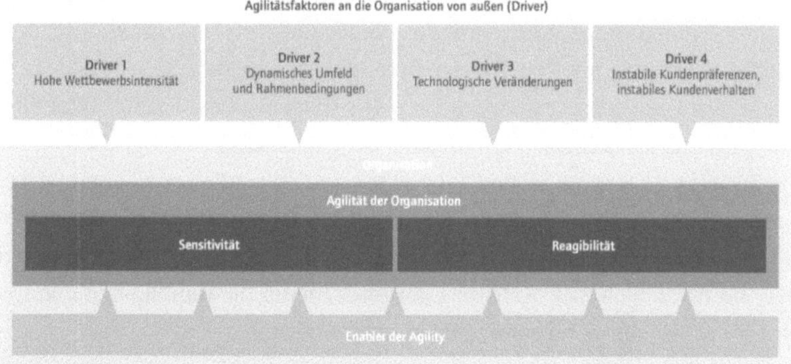

Abbildung 1: Erfolgskritische Fähigkeit von Organisationen, Veränderungen in der Umwelt zu erkennen
Quelle: Kienbaum Management Consultants, Change-Management-Studie 2014/2015, S. 7

Im Folgenden werden drei grundlegende Enabler einer agilen Organisation erläutert, um das Verständnis von Enablern zu gewährleisten. Das Management dient als Mentor für die Mitarbeiter. Hierbei soll die Führung nicht mehr einer formalen Hierarchie folgen, sondern es werden informelle Strukturen gebildet, die selbstorganisatorisches und innovatives Handeln der Mitarbeiter fördern. Das Konzept der Führung wird mit den veränderten Rahmenbedingungen des Unternehmens abgeglichen und an sie angepasst, um ein agiles Umfeld zu erschaffen.[13] Weitere Enabler sind die Markt- und Kundengewinnung einer Organisation sowie die kontinuierliche Weiterentwicklung der eigenen Kernkompetenzen durch die Disruption der eigenen Wettbewerbsvorteile. Der Fokus der Organisation liegt auf den Bedürfnissen ihrer Kunden – verändern sich die Bedürfnisse des Kunden, muss sich die Organisation deshalb zeitnah an sie anpassen, um wettbewerbsfähig zu bleiben.[14]

Wie bereits angedeutet wurde, ist die Ressource Mensch ein zentraler Treiber der Metakompetenz Agilität. Um diese Ressource bestmöglich in den Prozess der Digitalisierung einzubinden und sich damit hin zu einer agilen Organisation zu bewegen, sind die Aspekte Unternehmenskultur und Mindset zu beachten.

---

[13] Vgl. Scheller. T., Agile Organisation, 2017 S. 353.
[14] Vgl. Mollbach, A., Bergstein, J., Change-Management-Studie, 2014/2015, S. 9.

2.3 Unternehmenskultur und agiles Mindset

Für eine agile Organisation und den aus ihr resultierenden kontinuierlich größer werdenden Freiraum der Mitarbeiter ist eine Unternehmenskultur, die Sicherheit, Halt und Konsistenz fördert, grundlegend.[15] Eine Unternehmenskultur, die die bestehenden Werte und Normen der Organisation den Mitarbeitern bewusst macht, wirkt sich gemeinschaftsfördernd aus. Die Unternehmenskultur bildet einen Ordnungsrahmen, der es allen Mitgliedern der Organisation ermöglicht, vor einem gemeinsamen Wertehintergrund zu arbeiten und sich autonom zu organisieren.[16] Ein wesentlicher Einflussfaktor auf die Unternehmenskultur ist das Management, da es richtungsweisend auf die Unternehmenskultur wirkt. Die Führung ist somit dafür verantwortlich, eine Kultur zu gestalten, in der die Handlungen und Denkweisen (Mindset) der Mitarbeiter gefördert werden.

Bei einem Mindset, das auf eine agile Organisation angepasst ist, müssen alle Strukturen und Prozesse darauf ausgelegt sein, sensitiv und reflektiert auf Veränderungen reagieren zu können. Es folgt somit gewissen Grundannahmen. Ein agiles Mindset basiert auf Grundannahmen, die wesentlich mit der Digitalisierung in Verbindung stehen. Demzufolge sind die Annahmen von Beweglichkeit, Verantwortung, Selbstorganisation und Innovation ein signifikanter Bestandteil des Denkens in agilen Organisationen. Ein agiles Mindset ist also ein dynamisches Mindset, das als inkrementelles und iteratives Mindset verstanden werden kann. Es ist eine sich immer wieder selbst überprüfende Grundhaltung, die sich mit verändernden Bedingungen ebenfalls verändert.[17]

2.4 Agile Führung

Wie in Kapitel 2.1.2 beschrieben ist die Implementierung einer agilen Organisation im Zuge der Digitalisierung und der sich durch sie verändernden Parameter der Wirtschaft notwendig. Dies macht eine Führung, die die Fähigkeit besitzt, flexibel auf die Veränderungen der Umwelt einzugehen und dementsprechend zu agieren, nötig. Durch die sich ändernden Parameter der Wirtschaft ist der Umgang mit zunehmender Unsicherheit und Komplexität ein fester Bestandteil einer agilen

---

[15] Vgl. Adam, K., Changemanagement, o. J., S. 7.
[16] Vgl. ebd.
[17] Vgl. Hofert, S., Das agile Mindset, 2018, S. 13ff.

Führung.[18] Nach Weber und Berendt wechselt das Rollenverständnis in agilen Organisationen von einem führenden hin zu einem dienenden Führer, der eine unterstützende Funktion der Mitarbeiter beinhaltet und versucht, die Potenziale der verschiedenen Individuen zu nutzen. Eine agile Führung versucht, über ausreichenden Freiraum, Vernetzung, Selbstorganisation und durch interdisziplinäre Methoden zu wirken, um die Geführten auf den gewünschten Weg zu bringen.[19]

Laut eines Artikels der Daimler-Benz-Stiftung sollten Führungskräfte nicht nur digitale Kompetenzen mitbringen, um die dynamischer werdende Unternehmensumwelt, also sich verändernde Prozesse, Geschäftsmodelle und Märkte, zu erkennen und dementsprechend agieren, sondern auch Leidenschaft, Mut und Commitment, um Mitarbeiter in den Wandel miteinzubeziehen. Dementsprechend gelten Kommunikationsfähigkeit, rhetorische Fähigkeiten und die Transparenz von Informationen als Grundanforderungen an die Führung, um Authentizität auszustrahlen und Vertrauen aufzubauen.[20] In einer Studie von Kienbaum zum Thema ‚Leadership in einer digitalen Revolution' wird deutlich, dass Mitarbeiter in Folge einer agilen Führung die Werte emotionale Unterstützung, Kommunikation klarer Ziele, Selbstbestimmung und Selbstständigkeit als zentral erachten. Dennoch ist es von signifikanter Bedeutung, dass in einer schnelllebigen und komplexeren digitalen Welt verstanden wird, dass sich der Mensch nicht annähernd so schnell weiterentwickeln kann wie digitale Technologien. In Bezug auf diesen Punkt ist eine kompetente und auf den Menschen ausgerichtete Führungskraft unerlässlich. Führungskräfte sollten in der Lage sein, das Team zu motivieren sowie Innovation und die Potenziale der Mitarbeiter zu identifizieren und zu fördern. Die Empathie und Menschenkenntnis der Führung spielen in diesem Zusammenhang aber ebenfalls eine grundlegende Rolle.[21]

2.5 Agiles Projektmanagement durch den Einsatz von Scrum

Der Begriff Agilität beschreibt die Fähigkeit, vor dem Hintergrund dynamischer Märkte und Unsicherheit in Bezug auf Wirtschaft und Wettbewerbsfähigkeit sensitiv und reagibel zu handeln. Agilität ist die Voraussetzung der Wettbewerbsfähigkeit jedes Unternehmens im 21. Jahrhundert. Das agile Projekt kann durch seine

---

18 Vgl. Lewis, M. et al., Leadership, 2014, S. 58.
19 Vgl. Weber, F., Berendt, J., Robuste Unternehmen, 2017, S. 40 ff.
20 Vgl. Herrmann, P., Führung im Digitalen Zeitalter, 2016, S. 30 ff.
21 Vgl. Diestel, S., et al, Leadership, 2018, S. 23 ff.

Grundbeschaffenheit allen oben genannten Veränderungen durch Iteration und Feedback gerecht werden. Das in Kapitel 2.1.1 erwähnte agile Manifest bildet beim agilen Projektmanagement die Grundlage, nach deren Grundsätzen agile Projekte durchgeführt werden.[22] Der Fokus, der im agilen Manifest gesetzt wird, liegt auf der Ressource Mensch und der mit ihr verbundenen intensiven Förderung von Kommunikation und Teamarbeit.

Das agile Projektmanagement lässt die veralteten, nicht flexiblen und starren Vorgehensweisen hinter sich und befasst sich mit iterativen und inkrementellen Schleifen. Das Ziel ist es, den Kunden schnellstmöglich ein MVP zu präsentieren und durch wiederkehrendes Feedback mit dem Kunden gemeinsam das beste Produkt für ihn zu konzipieren und anzubieten. Vor dem Hintergrund des agilen Projektmanagements haben sich verschiedene agile Methoden entwickelt. Eine der bekanntesten ist das von Schwaber, Sutherland und Beedle weiterentwickelte Scrum-Framework, das in dem nächsten Kapitel detailliert behandelt wird.[23]

---

[22]   Vgl. Brandstäter, J., Agile IT-Projekte erfolgreich gestalten, 2013, S. 9.
[23]   Vgl. Brandstäter, J., Agile IT-Projekte erfolgreich gestalten, 2013, S. 10.

3 Grundlagen von Scrum

Im vorherigen Kapitel wurden die Grundlagen von Agile Enterprises erläutert, um die Basis für die agile Projektmanagementmethode Scrum zu schaffen. In diesem Kapitel wird ergänzend zu dem agilen Ansatz eines Unternehmens eine agile Methode vorgestellt, die sich auf das Projektmanagement bezieht. Dieses Vorgehen bildet den Rahmen für das in Kapitel vier vorgestellte Enterprise-Scrum-Prinzip.

3.1 Definition von Scrum

Die Projektentwicklungsmethode Scrum resultierte aus der Erkenntnis, dass die damaligen Methoden zur Projektarbeit, die in klar ablaufenden Zyklen angewendet wurden, zu starr sind und sich negativ auf den Projektverlauf auswirken. Somit begannen die Softwareentwickler Ken Schwaber und Jeff Sutherland, eine iterative Projektmanagementmethode zu entwickeln, die durch agile Strukturen den Produktentstehungsprozess signifikant verbessert.[24] Aus dieser Zusammenarbeit entstand das Scrum-Modell. In einem später veröffentlichten Scrum Guide beschreiben die beiden Softwareentwickler Scrum wie folgt: „Scrum: Ein Rahmenwerk, innerhalb dessen Menschen komplexe adaptive Aufgabenstellungen angehen können, und durch das sie in die Lage versetzt werden, produktiv und kreativ Produkte mit höchstmöglichem Wert auszuliefern".[25]

In den nächsten Kapitalen wird das Prinzip von Scrum erläutert und das Vorgehen innerhalb dieser Methode erklärt.

3.2 Das Scrum Team

Das Scrum Team ist selbstorganisierend und interdisziplinär und besteht aus drei wesentlichen Rollen: dem Product Owner, dem Entwicklungsteam sowie dem Scrum Master. Durch dieses Team ist es möglich, die Flexibilität, Kreativität und Produktivität innerhalb der Gruppe signifikant zu verbessern. Das Ziel ist es, durch die iterative und inkrementelle Methode schnellstmöglich ein Minimum Viable Product zu generieren.[26] Im nächsten Abschnitt werden die drei verschiedenen Rollen erläutert.

---

24 Vgl. Brandstäter, J., Agile IT-Projekte erfolgreich gestalten, 2013, S. 11.
25 Schwaber, K., Sutherland J., Scrum Guide, 2017, S. 3.
26 Vgl. Schwaber, K., Sutherland J., Scrum Guide, 2017, S. 6.

Der Product Owner ist dafür zuständig, gemeinsam mit den Stakeholdern eine gemeinsame Product Vision zu erstellen. Er ist für den wirtschaftlichen Erfolg des Produktes verantwortlich. Seine primäre Aufgabe bilden die Kategorisierung und Priorisierung der Anforderungen, die im Product Backlog enthalten sein sollen. Zusätzlich bestimmt er gemeinsam mit dem Entwicklerteam, welche Anforderungen im jeweiligen Sprint erfüllt werden müssen, und bezieht die Resultate des fertigen Inkrements im Sprint Review in den neuen Sprint Backlog ein. Er hat als einziger Weisungsbefugnisse und sorgt dafür, dass der Product Backlog für alle Projektmitglieder transparent, verständlich und einsehbar ist.[27]

Der Scrum Master ist dafür verantwortlich, dass die Rahmenbedingungen, die agilen Prinzipien und Werte von Scrum, eingehalten werden. Im Gegensatz zu klassischen Projektleitern hat er eher eine unterstützende Funktion und sorgt für die optimale Arbeitsatmosphäre zwischen Scrum Team und Product Owner. Er ist somit als „Servant Leader" zu verstehen. In Kapitel 5.3 wird genauer auf diesen Begriff eingegangen. Am Anfang des Projektes ist er dafür zuständig, die einzuhaltenden Regeln und Vorgehensweisen dem Scrum Team näherzubringen. Im weiteren Verlauf des Projektes stellt er den korrekten Ablauf sowie die Kommunikation zwischen den einzelnen Schnittstellen sicher.[28]

Das Scrum Team bildet die zentrale Einheit, die für die Wertschöpfung des Produkt Backlogs verantwortlich ist. Die Größe des Scrum Teams ist projektbezogen, sollte aber in der Regel fünf bis zehn Mitglieder umfassen. Die Struktur von Scrum ist so aufgebaut, dass sich das Scrum Team selbst organisiert und managt, somit wird die Gesamteffizienz des Teams durch die resultierenden Synergien verbessert. Das gesamte Team ist interdisziplinär und muss in der Lage sein, die im Sprint Backlog enthaltenen Anforderungen umzusetzen. Das Scrum Team ist somit so aufzustellen, dass sich die fachlichen und sozialen Kompetenzen der jeweiligen Teammitglieder ergänzen, um zu dem bestmöglichen Verlauf des Projektes beizutragen.[29]

---

[27] Vgl. Goll, J., Hommel, D., Scrum, 2015, S. 89 ff.
[28] Vgl. Aichele, C., Schönberger, M., IT-Projektmanagement, 2014, S. 40.
[29] Vgl. Sobiech, F., IT-Anforderungen in Scrum, 2016, S. 15 ff.

3.3 Scrum-Ereignisse

In Scrum Framework gibt es verschiedene Ereignisse, die dazu da sind, eine gewisse Regelmäßigkeit im Scrum-Projekt zu gewährleisten. Dadurch sollen unproduktive Besprechungen minimiert bzw. vermieden werden. Im Scrum Guide werden folgende Ergebnisse vorgestellt: Sprint Planning, Sprint, Daily Scrum, Sprint Review und Sprint Retrospective. Jedes Ergebnis hat eine festgelegte Dauer. Mit Ausnahme des Sprints können die Etappen jedoch frühzeitig beendet werden. Die Dauer des Sprints ist nicht veränderbar. Die Ergebnisse wurden eingeführt, um gelegentlich bestimmte Prozesse innerhalb des Zyklus zu inspizieren und zu adaptieren sowie die bestmögliche Transparenz für das gesamte Scrum Team zu gewährleisten.[30]

Das Sprint Planning Meeting ist der Startpunkt jedes neuen Sprints. Sein Ziel ist es, die Arbeitsschritte des nachfolgenden Sprints zu definieren und teamspezifisch in kleinere Tasks aufzuteilen. Dabei werden die Anforderungen des Sprints fixiert und können in dieser Iteration nicht mehr geändert werden. Das Sprint Planning Meeting ist in zwei Teile aufgeteilt: Im ersten Teil beschreibt der PO die im Product Backlog enthaltenen Anforderungen an das zu entwickelnde Produkt. Darauf basierend erstellt das Entwicklungsteam die Prognose über die Funktionalität des im Sprint entwickelten Produkts. Im zweiten Teil plant das Entwicklungsteam selbstorganisiert, welche Aufgaben zu stellen sind, um die Anforderungen an das Produkt im Sprintziel zu erreichen.[31] Das dadurch festgelegte Sprint Backlog bildet die Grundlage jedes Sprints. Der Sprint ist ein iterativer Zyklus, der zwischen 24 Stunden und 30 Tagen liegt. Am Ende jedes Sprints soll ein fertiges Product Increment vorliegen. In der Bearbeitungsphase eines Sprints handelt das Entwicklerteam komplett autonom, es kann lediglich die unterstützende Funktion des Scrum Masters in Anspruch nehmen. Ein essenzieller Bestandteil des Sprints ist das sog. Daily Scrum. Es ist ein täglich standfindendes Meeting, das vom Scrum Master geleitet wird. Das Ziel des Daily Scrums ist es, einen Überblick über die bearbeiteten Aufgaben zu erhalten und eine generelle Transparenz zu erzeugen. Zusätzlich soll ein Wissensaustausch stattfinden, um Probleme des Entwicklungsteams frühzeitig zu identifizieren und präzise zu beheben.[32] Am Ende jedes Sprints findet das Sprint Review statt. Während des Meetings präsentiert das Entwicklungsteam das

---

[30] Vgl. Schwaber, K., Sutherland J., Scrum Guide, 2017, S. 9.

[31] Vgl. Sobiech, F., IT-Anforderungen in Scrum, 2016, S. 17 ff.

[32] Vgl. Maximini, D., Scrum – Einführung in der Unternehmenspraxis, 2013, S. 184.

fertiggestellte Produkt Increment dem Product Owner und den dazugehörigen Stakeholdern. Die Funktionalität des Product Increments wird beschrieben und der Product Owner entscheidet, ob die Vorgaben des Sprint Backlogs erfüllt worden sind. Die präsentierten Ergebnisse bilden die Grundlage für den nachfolgenden iterativen Zyklus. Am Ende jedes Scrum-Zyklus steht die Sprint Retrospective. Hierbei soll der vorhergegangene Sprint methodisch hinterfragt werden, um Möglichkeiten zur Prozessverbesserung zu identifizieren. Dies dient der stetigen Verbesserung der Prozesse innerhalb von Scrum. Die Stärken des vergangenen Sprints werden somit adaptiert und verbessert, Schwachstellen werden im nächsten Sprint eliminiert.[33]

3.4 Scrum-Artefakte

Scrum-Artefakte stehen für den zu schaffenden Wert bzw. für die Arbeit, die erledigt werden soll. Gleichzeitig bieten sie die Möglichkeit der Überprüfung und der Adaption der jeweiligen Vision. Sie dienen dazu, komplette Transparenz innerhalb des Projektes zu schaffen, um den maximalen Wert an Informationen zu erhalten. In dem von Ken Schwaber und Jeff Sutherland veröffentlichen Scrum Guide werden drei wesentliche Artefakte erläutert: Product Backlog, Sprint Backlog und Inkrement. Am Anfang des Scrum-Projektes stellt der Product Owner die Anforderungen und Vorstellungen der Stakeholder und seiner selbst in einer Vision des Produktes dar und kumuliert sie in einem sog. Product Backlog. Dieser enthält alle Details, die für die Fertigung des Produktes notwendig sind, und teilt sie transparent dem Projektteam mit. Der Product Owner hat wie bereits erwähnt (siehe Kapitel 3.3) alleinige Weisungsbefugnisse, kann jedoch auf Vorschläge seitens des Teams eingehen. Das Product Backlog ist dynamisch und flexibel: Es passt sich den Anforderungen des Produktes konstant an, um wettbewerbsfähig zu bleiben und den besten Nutzen für den Konsumenten zu generieren. Es kann als lebendes Artefakt beschrieben werden, das iterativ an die Anforderungen des Produktes angepasst wird.[34] Je nach Prioritäten des Product Owners und des Scrum Teams wird im weiteren Verlauf der Sprint Backlog festgelegt. Der Sprint Backlog umfasst die Menge der Product-Backlog-Einträge, die notwendig sind, um ein fertiges Produktinkrement zu erstellen. Zusätzlich dient es als Prognose des Scrum Teams darüber, welche Funktionalität das fertige Produktinkrement am Ende im Sprint Review haben wird sowie

---

[33] Vgl. Sobiech, F., IT-Anforderungen in Scrum, 2016, S. 17 ff.
[34] Vgl. Schwaber, K., Sutherland J., Scrum Guide, 2017, S. 15.

welche Arbeitsschritte erledigt werden müssen, um dahin zu gelangen. Der Sprint Backlog ist wie der Product Backlog ein dynamisches Artefakt, das im Laufe des Arbeitsprozesses durch das Scrum Team angepasst werden kann. Am Ende einer Sprint Retrospective werden die identifizierten Prozessverbesserungen in den Sprint Backlog übertragen. Es spiegelt ein Echtzeitbild der Arbeit wider, dass das Scrum Team versucht, im Sprint umzusetzen.[35] Das Inkrement ist das Ergebnis aller fertigen Product-Backlog-Einträge und aller Inkremente früherer Sprints.[36]

3.5 Das Scrum-Prinzip

Das von Ken Schwaber und Jeff Sutherland entworfene Modell Scrum basiert auf einer empirischen Prozessteuerung, bei der der Ablauf des Projektes im Vordergrund steht und nicht die Strukturierung des Projektes (wie in klassischen Projektmanagementmethoden). Das Prinzip von Scrum ist an die Idee des ‚Lean Managements' angelehnt. Scrum verfolgt einen iterativen und inkrementellen Ansatz, der es ermöglicht, die entstehenden Risiken zu kontrollieren sowie die Prognosesicherheit zu gewährleisten und stetig zu verbessern.[37] Die Basis für Scrum bilden die drei Säulen einer empirischen Prozessteuerung: Transparenz, Inspektion und Adaptation. Sie dienen dazu, den Projektverlauf möglichst flexibel und für alle sichtbar zu gestalten.

Das Scrum-Projekt und die Vision des daraus resultierenden Produktes werden primär vom Product Owner und sekundär von anderen Stakeholdern festgelegt. Die Anforderung an das Produkt werden im sog. Product Backlog festgehalten und können jederzeit angepasst werden. Der Ablauf des Scrum-Projektes ist in iterative Zyklen gegliedert, die Sprint genannt werden. Zusammen mit dem Product Owner und dem Team wird der Produkt Backlog in einem Sprint Planning Meeting in kleinere Schritte zerlegt, um diese in den jeweiligen Sprints zu bearbeiten. Das Ergebnis ist der Sprint Backlog. Dieser beinhaltet die priorisierten Schritte aus dem Product Backlog, die im ersten Sprint bearbeitet werden sollen. Das Scrum Team verpflichtet sich gegenüber dem PO, die zu erledigenden Arbeitsschritte des Sprint Backlogs am Ende des Sprints in einem Inkrement fertigzustellen und zu

---

[35] Vgl. Trepper, T., Softwareprojektmanagement, 2012, S. 77.
[36] Vgl. Goll, J., Hommel, D., Scrum, 2015, S. 96.
[37] Vgl. Schwaber, K., Sutherland J., Scrum Guide, 2017, S. 4.

präsentieren. Dabei beinhaltet das Inkrement alle Resultate und Anforderungen des Sprint Backlogs und aller vorherigen Sprints.[38]

Ein Ziel besteht darin, innerhalb des Sprints selbstorganisiert und eigenverantwortlich zu handeln. Das Team entscheidet eigenständig, welche Tools und Arbeitspraktiken für das zu erstellende Produkt am sinnvollsten sind, und setzt diese ein. An jedem Tag des Sprints findet ein sog. Daily Scrum Meeting statt, in dem jedes Teammitglied Fragen zum Fortschritt beantwortet. Dies soll sicherstellen, dass Hindernisse, die während des Sprints auftreten, frühzeitig erkannt und beseitigt werden, um Folgefehler zu vermeiden.[39] Der Scrum Master ist in jeder Phase des Scrum-Projektes anwesend und sorgt dafür, dass die Rahmenbedingungen der Methode eingehalten werden.

Am Ende des Sprint-Zyklus findet der Sprint Review statt, in dem das fertige Inkrement dem Product Owner präsentiert wird. Änderungen, die der Product Owner mit dem Scrum Team erarbeitet, werden im nächsten Sprint berücksichtigt. Darauf folgt die sog. Sprint Retrospective, in der das Vorgehen innerhalb des Sprints kritisch reflektiert wird. Das dient dazu, die im vorherigen Sprint begangenen Fehler zukünftig zu vermeiden. Nach Beendigung des Sprints, des Sprint Reviews und der Sprint Retrospective beginnt die Iteration erneut. [40]

---

[38] Vgl. Trepper, T., Softwareprojektmanagement, 2012, S. 77 ff.
[39] Vgl. Schwaber, K., Agile Project Management, 2004, S. 8.
[40] Vgl. Trepper, T., Softwareprojektmanagement, 2012, S. 78.

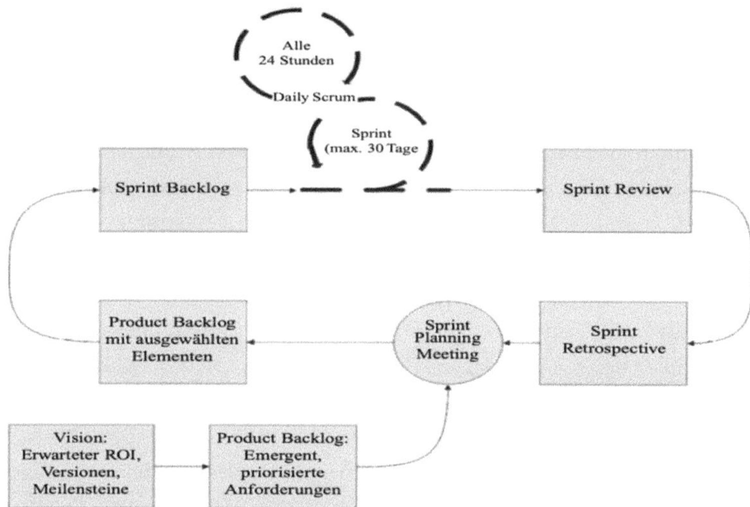

Abbildung 2: Scrum-Prozess

Quelle: Trepper, T., Agil-systemisches Softwareprojektmanagement, 2012, S. 79

4 Enterprise Scrum – Skalierung von Scrum zu einer multidimensionalen agilen Methode

Noch nie wurden Werte so schnell geschaffen, transformiert und zerstört wie heutzutage. Die Disruption in allen Geschäftsbereichen und Branchen ist real, schnell, dynamisch, kraftvoll und überall anzutreffen. Viele Unternehmen haben erkannt, dass Agilität und Flexibilität immer bedeutender für den strategischen Geschäftserfolg werden. Agile Methoden rücken zunehmend in den Vordergrund der Unternehmen, um kostengünstiger agieren und sich an schnell kommende Umweltveränderungen anpassen zu können.[41] Um nicht nur im Projektmanagement schneller und flexibler agieren zu können, hat sich der Mitautor des agilen Manifest Mike Beedle mit der Skalierung von Scrum zu einer multidimensionalen agilen Methode, Enterprise Scrum, beschäftigt. Im Folgenden werden der Grundgedanke, die Grundlagen wie auch die Funktionsweise von Enterprise Scrum vorgestellt.

4.1 Grundgedanke der Weiterentwicklung von Scrum und Agile Enterprise zu Enterprise Scrum

Durch die Veränderungen, die sich im Zuge der Digitalisierung vollzogen haben, ist es für Unternehmen nicht mehr möglich, alte Strukturen oder gelernte Systeme und Prozesse weiterhin zu nutzen, um erfolgreich zu sein. Heutzutage geht es stattdessen darum, mehr Kundenzufriedenheit zu schaffen, innovativer zu sein, bessere Produkte und Dienstleistungen anzubieten, die gleichzeitig mehr Benutzerfreundlichkeit bieten, die Mitarbeiterzufriedenheit zu erhöhen und gleichzeitig schneller und flexibler auf Veränderungen zu reagieren. Durch die Weiterentwicklung von Scrum und Agile Enterprise hin zu Enterprise Scrum werden alle Eigenschaften von agilen Unternehmen und dem Scrum-Prinzip kombiniert und auf das gesamte Unternehmen angewendet. Enterprise Scrum ermöglicht es dem Unternehmen, alle Ebenen hinsichtlich ihrer Dimensionen agiler zu gestalten, unter der Voraussetzung, dass alle Ebenen und Einheiten auch in sich gesehen agil bleiben. Somit soll erreicht werden, dass aristokratische Strukturen und Hierarchien abgebaut werden, um das Unternehmen flexibler zu gestalten. Enterprise Scrum soll durch diesen Prozess die Disruption innerhalb des Unternehmens vorantreiben, um

---

[41] Vgl. Hoffmann, J., Roock, S., Agile Unternehmen, 2018, S. 1.

langfristig schnell auf sich ändernde Kundenbedürfnisse einzugehen und dadurch wettbewerbsfähig zu bleiben.[42]

Mike Beedle beschreibt Enterprise Scrum als ein skalierbares, kundenzentriertes, iteratives und inkrementelles, generisches und geschäftsorientiertes Ausführungskonzept, das dazu dienen soll, jeden Geschäftsbereich innerhalb eines Unternehmens durch selbstverwaltende autonome Teams agiler zu gestalten, einschließlich Marketing, Vertrieb, Unternehmensführung, Produktentwicklung etc.[43]

4.2 Hierarchieebenen im Enterprise-Scrum-Modell

Nachdem in Kapitel 4.1 der Grundgedanke der Weiterentwicklung von Scrum und Agile Enterprise hin zu Enterprise Scrum beschrieben wurde, werden an dieser Stelle die Hierarchieebenen im Enterprise-Scrum-Modell vorgestellt. Um eine agile Methode wie Enterprise Scrum im Unternehmen etablieren zu können, muss sich der interne Rahmen, in dem die Mitarbeiter agieren, verändern. Klassische Aufbauorganisationen zeichnen sich durch starre Arbeitsstrukturen, eine feste Hierarchie sowie eine starke Zentralisierung aus. Diese Merkmale führen in einem dynamischen Markt zur Grenze der Leistungsfähigkeit. Starre Hierarchien bremsen die Innovation und die Flexibilität, die benötigt werden, um langfristig wettbewerbsfähig zu bleiben.[44]

Unternehmen, die nach dem Enterprise Scrum Framework arbeiten, haben eine ausgearbeitete vertikale Dimension mit diversen Instanzen, die durch autonome Teams, Coaches und Business Owners verwaltet werden. Diese Instanzen können je nach Größe und Entwicklungsstadium des Unternehmens variieren und angepasst werden. Somit ist es möglich, je nachdem, in welchen Zyklus sich das Unternehmen befindet, Instanzen hinzuzufügen oder abzubauen. Dabei hat jede Instanz eine Ende-zu-Ende-Verantwortung für ihren Anteil, der am Ende den Wert des Unternehmens steigern soll. Die einzelnen Mitarbeiter sind flexibel und können dynamisch eingebunden werden.[45] Eine Hierarchie mit langen Top-down-Entscheidungen führt zu signifikanten Wettbewerbsnachteilen und erhöhten Kosten. Enterprise Scrum basiert deshalb auf der Abflachung der verschiedenen Hierarchie-

---

[42] Vgl. Puchan, J. et al., Agile Skalierungsframeworks, 2016, S. 32 ff.

[43] Vgl. Beedle, M., Enterprise Scrum Definition, 2018a, S. 14.

[44] Vgl. Armutat, S. U. et al., Agiles Personalmanagement, 2015, S. 12.

[45] Vgl. Foegen, M., Kaczmarek, C., Organisation in einer digitalen Zeit, 2016, S. 15.

ebenen und somit kürzeren Planungs- und Umsetzungszyklen, durch die konkrete Ergebnisse und eine sofortige Anpassung an sich verändernde Umwelteinflüsse möglich sind. Durch die Skalierung von Scrum zu Enterprise Scrum werden ähnlich wie beim Unternehmen Spotify die verschiedenen Unternehmensbereiche zu eigenständigen autonomen Einheiten umgeformt, die selbstorganisiert agieren, Fehler frühzeitig erkennen können und Prozesse durch iterative Schleifen regelmäßig hinterfragen.[46] Im Enterprise-Scrum-Modell werden Hierarchien reduziert, indem dem Team ein hohes Maß an Autonomie gewährt wird. Entscheidungen müssen nicht durch lange und starre Wege der Führung kommuniziert werden, sondern können innerhalb des Teams getroffen werden. Das nachfolgende Kapitel befasst sich mit den einzelnen Elementen des Enterprise Scrum Frameworks.

4.3 Elemente von Enterprise Scrum

Das Enterprise Scrum Framework besteht aus verschiedenen Bestandteilen, Mustern, Techniken etc., die von Scrum abgeleitet sind. In Tabelle 1 werden die veränderten Elemente von Scrum dargestellt und die relevanten neuen Elemente von Enterprise Scrum erläutert, um das Verständnis des Frameworks zu gewährleisten. Auf der Grundlage dessen, dass Enterprise Scrum auf anderen Skalenstufen agiert, ergeben sich folgende Änderungen der Elemente von Scrum:

Scrum	Enterprise scrum
Product owner – owner of a product	Business owner – owner of a business area
Scrum master – coaches scrum team to do scrum for product development	Enterprise scrum coach – configures enterprise scrum and coaches an enterprise scrum team
Product backlog – list to develop a product	Value List – list du deliver value for any activity
PBI (product backlog item) – feature or something else to be DONE in product development by passing a DOD	VLI (value list item) – anything that gets DONE and delivers value passing DID for ANY activity or domain
Sprint – 1–4 week time box with planning, review, retrospective and refinement	Cycle – configurable time box of any length (1 hr.–1 yr.) with configurable explicit options for the cycle (planning, collaboration, review, improve) with nesting allowed in time and structure, e. g. on week cycles contained in quarterly cycles contained in 1 yr. cycles

---

[46] Vgl. Häusling, A. et al., Agil anpassen, 2014, S. 18-21.

Scrum	Enterprise scrum
Scrum board – for product development	Enterprise scrum board – for general purpose; similar workflow to that of scrum board, but has a 'hat' of vision and initial value list
Product increment - an increment for product	Value increment – where value is delivered for ANY purpose

Tabelle 1: Vergleich der Elemente von Scrum und Enterprise Scrum
Quelle: In Anlehnung an Beedle, M., Enterprise Scrum, 2018, S. 18

Im weiteren Verlauf dieses Kapitels werden die neuen Elemente von Enterprise Scrum vorgestellt.

Die Leinwand (Canvas) hat im Enterprise Scrum Framework eine wesentliche Bedeutung. Sie umfasst alle wesentlichen Eigenschaften oder Aspekte (VLI), die auch Surfer genannt werden. In Enterprise Scrum ist es möglich, für jede Aktivität Instanzen mit benutzerdefinierten Leinwänden zu erstellen, wie z. B. für das Marketing Produkte, Kundenzufriedenheit, Geschäftsmodelle etc. Diese Leinwände werden durch das Durchlaufen von Cycles weiterentwickelt. Im Folgenden befindet sich ein Beispiel für ein Canvas für das Managen eines Start-ups durch ES.[47]

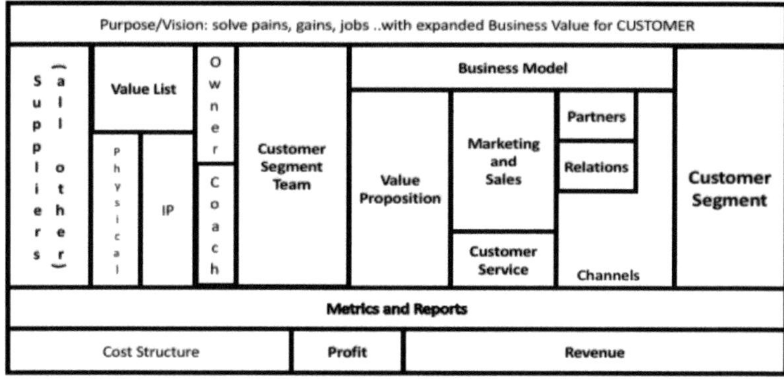

Abbildung 3: ES – Business Model Canvas
Quelle: Beedle, M., Enterprise Scrum, 2018, S. 33

Ein weiteres zentrales Element ist das ES-Scrum-Board. Es wird dazu verwendet, den gesamten Arbeitsprozess abzubilden, um nachzuvollziehen, welche Arbeit für den Cycle ausgewählt wurde, woran zurzeit gearbeitet wird (Work in Progress –

---

[47] Vgl. Beedle, M., Enterprise Scrum, 2018b, S. 33.

WIP) und welche Arbeitsschritte schon erledigt sind, also ‚DONE‘ sind. Zusätzlich enthält das ES-Scrum-Board auch die Vision des definierten Geschäftsbereichs, die durch den Business Owner und die Stakeholder erarbeitet wurde, und die Initial Value List, ausgearbeitet durch Business Owner, Stakeholder und das Team. Abbildung 4 zeigt ein mögliches ES-Scrum-Board eines Start-ups.[48]

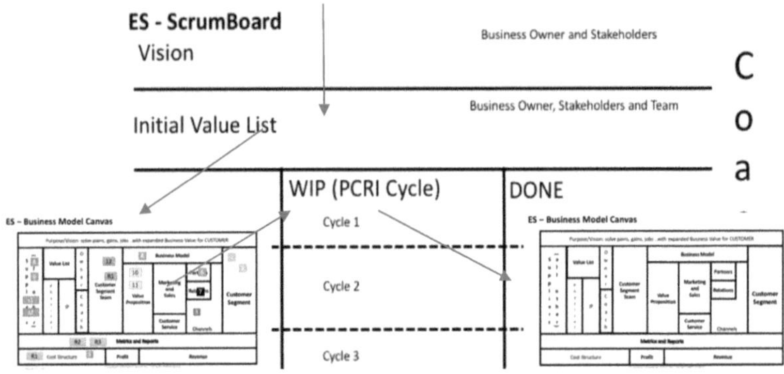

Abbildung 4: ES-Scrum-Board

Quelle: in Anlehnung an Beedle, M., Enterprise Scrum, 2018, S. 84

Zusätzlich ermöglicht das Enterprise Scrum Framework verschiedene Skalierungsoptionen, die nicht nur auf die Softwareentwicklung, sondern auf allen agilen Ebenen, wie z. B. Unternehmensführung, Marketing und Vertrieb, bezogen werden können. Zu den Skalierungsoptionen zählen strukturelle Muster, Kooperationsmodi wie auch verschiedene Techniken.

4.4 Das Enterprise Scrum Team

Wie in Kapitel 3.2 beschrieben besitzt auch das Enterprise Scrum Framework drei Rollen, jedoch werden die Rollen aufgrund der Skalierung abgeändert, um die Funktionalität besser zu beschreiben. In Abbildung 5 sind die verschiedenen Rollen des Enterprise Scrum Teams und ihre Einordnung im Unternehmen dargestellt.

---

[48] Vgl. Beedle, M., Enterprise Scrum, 2018b, S. 45 ff.

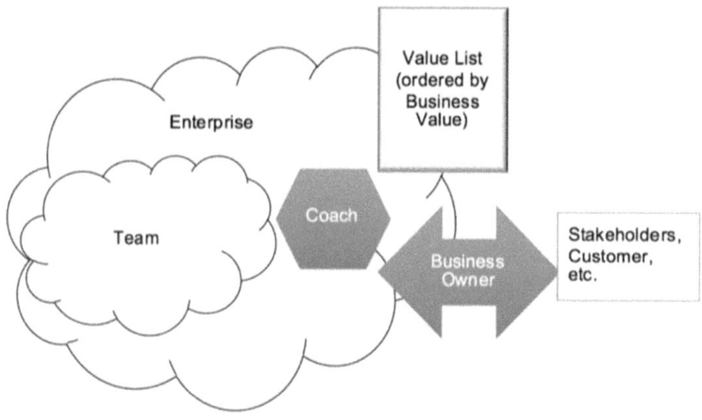

Abbildung 5: Enterprise Scrum Team
Quelle: Beedle, M., Enterprise Scrum: Business Agility for the 21St Century, 2018, S. 25

Die Rollen des Enterprise Scrum Teams können auf verschiede Personen verteilt werden, je nachdem, wie sie ausgeübt werden sollen. Die Teams werden so gebildet, um den größten Businesswert in kürzester Zeit zu generieren. Somit kann Enterprise Scrum benutzt werden, um jedes Umfeld im Unternehmen zu verbessern. Mike Beedle beschreibt Enterprise Scrum Teams als autonome, unabhängige, intelligente, selbstverwaltende, selbstorganisierende und selbstkorrigierende Teams. Das Ziel dieser Freiheiten ist die höhere operative Effizienz und das Ausbalancieren unternehmerischer Tätigkeiten, die aus der Vermeidung von Delegationshierarchien und erschwerter Kommunikation resultieren.[49]

4.4.1 Business Owner

Der im Scrum Framework genannte Product Owner wird im Enterprise Scrum Framework Business Owner (BO) bezeichnet. Er legt mit Unterstützung der Stakeholder die sog. Value List fest. Eine Liste von VLI (Value List Items), die nach einem DOD (Definition of Done) fertiggestellt werden, erhält einen sichtbaren und messbaren Geschäftswert, der direkt oder indirekt für den Kunden ersichtlich ist. Im Enterprise Scrum Framework ist es möglich, dass der Business Owner aus mehreren Personen, einer Person oder einem Team besteht. Durch den Einsatz mehrerer Personen als Business Owner werden ausgewogenere Entscheidungen getroffen sowie mehr Wissen bei Entscheidungen berücksichtigt. Jedoch besteht ein

---

[49] Vgl. Beedle, M., Enterprise Scrum Definition, 2018a, S. 25-26.

erhöhtes Maß an Koordination und Politik innerhalb der Gruppe. Bei einer Person als Business Owner wird die Beschleunigung der Entscheidungen erhöht, jedoch ist das Maß an Wissen auf eine Person beschränkt. Übernimmt ein Team die zentrale Rolle des Business Owner, besteht das Risiko, dass es nicht genügend Zeit für die Aufgaben des Business Owner hat, aufgrund des Arbeitspensums das innerhalb der Cycles stattfindet. Dieses Modell eignet sich jedoch hervorragend für Start-ups.[50]

Des Weiteren überträgt sich die Verantwortlichkeit des Business Owners ähnlich wie im Scrum-Modell auf das Verwalten der Value List, das Integrieren der Werte der Stakeholder sowie den Ablauf der Arbeit nach jedem Cycle. Der Erfolg und Misserfolg des Projektes wie auch sein ROI liegen allein im Verantwortungsbereich des Business Owners. Zudem steht es dem BO frei, das Team oder den Coach in jeglicher Form zu unterstützen.[51]

4.4.2 Enterprise Scrum Coach

Wie in Kapitel 3.2 bereits beschrieben ist der Coach genauso wie der Scrum Master in einer unterstützenden Funktion tätig. Er sorgt dafür, dass die Rahmenbedingungen, agilen Prinzipen und Werte eingehalten werden. Zusätzlich hilft er dem Team bei der Implementierung von Enterprise-Scrum-Instanzen und trägt dazu bei, dass sich das Team technisch, emotional, sozial und kollaborativ entfalten kann, um die bestmögliche Atmosphäre innerhalb des Teams zu gewährleisten. Der Coach plant die anstehenden Meetings, stellt sicher, dass die Ergebnisse des Cycles ‚Done' sind und versucht, laufend Lücken zu schließen und Strategien bezüglich des Prozesses, des Teams und der Konfiguration zu optimieren. Die Rolle des Coaches ist wesentlich, da er dazu beiträgt, die Kommunikation zwischen allen Beteiligten, wie z. B. BO, Team, Stakeholdern etc., zu fördern. Bei Hindernissen oder Problemen, die das Team oder den Prozess betreffen, ist der Enterprise Scrum Coach der Ansprechpartner, der versucht, diese Probleme/Hindernisse zu lösen, um den Erflog des Projektes voranzutreiben.[52]

Genau wie im Fall des BO kann der Coach auch als eine Person, mehrere Personen oder über ein Team besetzt werden. Bei einer Person ist es möglich, ein konsequentes Coaching zu gewährleisten, jedoch stehen bei dieser Form weniger Wissen,

---

50 Vgl. Beedle, M., Enterprise Scrum Definition, 2018a, S. 26 ff.
51 Vgl. ebd.
52 Vgl. Beedle, M., Enterprise Scrum Definition, 2018a, S. 27 ff.

Erfahrung und Problemlösungsfähigkeiten bereit. Mehrere Personen bieten den Vorteil, dass ausgewogenere Entscheidungen getroffen werden. Demgegenüber stehen allerdings der erhöhte Grad an Kommunikation wie auch Uneinigkeiten innerhalb der Gruppe. Wird die Rolle des Coaches auf mehrere Teammitglieder verteilt, bestehen vermehrt Risiken in Bezug auf soziale Fragen und die Fähigkeit, gemeinsam zu coachen.[53]

4.4.3 Das Team

Das Team bildet den Mittelpunkt der Wertschöpfung innerhalb jeder Enterprise-Scrum-Instanz, somit ist es für die Umsetzung der Anforderungen der Value List verantwortlich. Ähnlich wie bei Scrum liegt die bevorzugte Größe zischen drei bis neun Personen. Das Team arbeitet zusammen, kooperiert, teilt Wissen und hilft den anderen Mitgliedern bei Problemen. Die Zusammenstellung von interdisziplinären Teams wird in der Literatur als die zu präferierende Variante der Teambildung angesehen.[54] Jedes Team trägt die Verantwortung dafür, dass die abgestimmten Anforderungen bei der Umsetzung erfüllt werden. Es ist die eigenständige Aufgabe des Teams, sich zu organisieren und die anfallenden Aufgaben fristgerecht und in der Umsetzung korrekt auszuführen, um am Ende eines Cycles ein auslieferbares Paket zu erzeugen.[55]

4.5 Der Enterprise Scrum Cycle

Der Enterprise Scrum Cycle ist ein iterativer und inkrementeller Prozess, der in sog. Cycles stattfindet. Der Cycle beginnt mit einer Vision und einer Initial Value List, die die Werte und notwenigen Aktivitäten der Vision aufgreift, um diese in den jeweiligen Cycles abzuarbeiten. Anhand der Leinwand (Canvas) werden die notwenigen Aktivitäten und Werte konfiguriert. Der Cycle kann von einer Stunde bis zu einem Jahr lang sein. Zusätzlich ist es möglich, dass sich die Cycles verschiedener Instanzen überschneiden bzw. umhüllen. Dadurch, dass der Enterprise Scrum Cycle ein iteratives, inkrementelles, empirisches Prozessmanagement ist, werden nach jedem Cycle verschiedene Parameter gemessen, um das Team, die Arbeit und die Vision durch Feedback zu verbessern.[56]

---

[53] Vgl. Ebd.

[54] Vgl. Sutherland, J. et al., Distributed Scrum, 2007, S. 274.

[55] Vgl. Sobiech, F., IT-Anforderungen in Scrum, 2016, S. 15 ff.

[56] Vgl. Beedle, M., Enterprise Scrum, 2018b, S. 35 ff.

Anders als bei Scrum ist Enterprise Scrum auf sämtlichen Ebenen des Unternehmens anwendbar. Aus diesem Grund unterscheidet sich die Struktur des Cycles in einigen Punkten. In Abbildung 6 ist die Struktur des Cycles dargestellt:

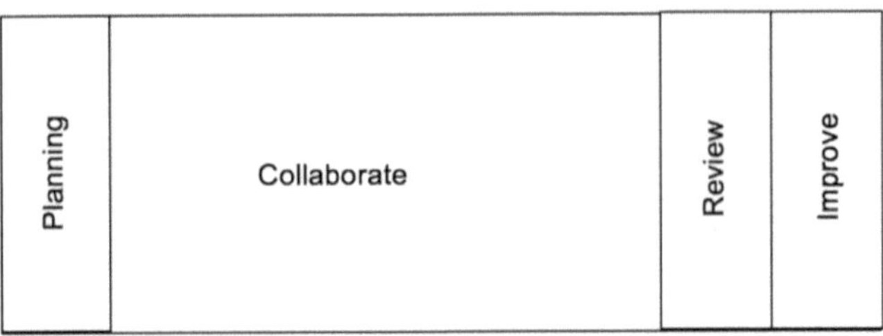

Abbildung 6: Cycle-Struktur in Enterprise Scrum
Quelle: Beedle, M., Enterprise Scrum: Business Agility for the 21St Century, 2018, S. 37

Der Cycle (PCRI-Cycle), ist in vier Bestandteile unterteilt (Planning, Collaborate, Review und Improve), die nachfolgend genauer erläutert werden:

4.5.1 Planning

Dieser Teil der Planung ist in zwei Schritte unterteilt. Im ersten Schritt legt das Team fest, welche ‚Surfer‘ bearbeitet werden sollen. Der zweite Schritt befasst sich damit, wie die Arbeit von den jeweiligen Teammitgliedern erledigt wird. Die gesamte Planung wird durch das Team anhand des Canvas visualisiert.[57]

4.5.1.1 Collaborate

Das Ziel der Zusammenarbeit besteht darin, so viel Arbeit wie möglich in den Zustand des DOD zu bringen, was durch Zusammenarbeit, gegenseitige Hilfe und Wissensaustausch innerhalb des Teams erreicht werden soll. Positive Auswirkungen auf den Prozess der Zusammenarbeit hat der Business Owner, der durch das Beheben von Unstimmigkeiten und das schnelle Genehmigen der VLI die Arbeit des Teams vereinfacht. Daily Scrums existieren auch im Enterprise Scrum Framework, jedoch sind sie für Teams, die effektiv interagieren und ihren Arbeitsstatus kennen, nicht verpflichtend, sondern nur eine Option.[58]

4.5.1.2 Review

Die Überprüfung ist die letzte Gelegenheit für den BO, den Geschäftswert, der im Zyklus erbracht wurde, zu überprüfen und zu akzeptieren. Eine Überprüfung während des Cycles durch den BO ist von Vorteil. Beim Review kann alles, was relevant oder von Interesse ist, auf der Canvas überprüft werden. Jedoch wird primär die VLI und damit der VLIType mit dem höchsten Geschäftswert geprüft.[59]

4.5.1.3 Improve

Im letzten Teil des Cycle können Verbesserungen vorgenommen werden. Es besteht die Möglichkeit, alle Interessengebiete einschließlich des Teams auf der Canvas zu verbessern bzw. zu optimieren. Die Grundidee ist, eine verbesserte Richtung für den nächsten Cycle vorzugeben, um Geschäftswert und Team zu verbessern.[60]

Durch das Verwenden von Metriken können die Aufgaben, die im Cycle fertiggestellt werden, gemessen werden. Diese Metriken können auf Kundenzufriedenheit, Kundenerlebnis, Gewinn, Wachstum, Mitarbeitererfahren usw. ausgelegt sein. Um die Daten eines Cycle zu visualisieren, können verschiedene Diagramme verwendet werden, wie z. B. das Burndown-Diagramm.[61]

4.6 Funktionsweise von Enterprise Scrum

Das Enterprise Scrum Framework stellt eine Form der Aufbauorganisation dar, in der Kompetenzen und Verantwortlichkeiten dynamisch definiert werden. Das Ziel des agilen Organisationsmodells besteht darin, die Mitarbeiter nicht durch eine feste Organisationsstruktur, sondern durch gemeinsame Ziele und Aufgaben zu verbinden. Der Kern einer solchen Struktur ist ein hoher Grad an Transparenz, Autonomie und Selbstorganisation.[62]

Das grundlegende Prinzip von Enterprise Scrum ist ähnlich wie das agile Spotify-Modell gestaltet: Ähnlich wie bei Spotify werden verschiedene Unternehmensebenen spezifischen Teams zugeordnet, die auf Autonomie und Selbstorganisation basieren. Im Enterprise Scrum Framework werden die verschiedenen Instanzen in Abhängigkeit von dem Unternehmenszyklus aufgebaut und bei Bedarf werden

---

[59] Vgl. ebd.

[60] Vgl. ebd.

[61] Vgl. Beedle, M., Enterprise Scrum, 2018b, S. 38 ff.

[62] Vgl. Kreuzer, R. T., Führungs- und, 2018, S. 41 ff.

neue Instanzen identifiziert und adaptiert. Im Wesentlichen können sich diese Instanzen weiterentwickeln oder durch andere Instanzen ersetzt werden. Mike Beedle beschreibt diese Entwicklung als ‚Morphing Instance' und ‚Spawning Instances'.[63]

Abbildung 7 zeigt die mögliche Struktur von Instanzen innerhalb eines Unternehmens.

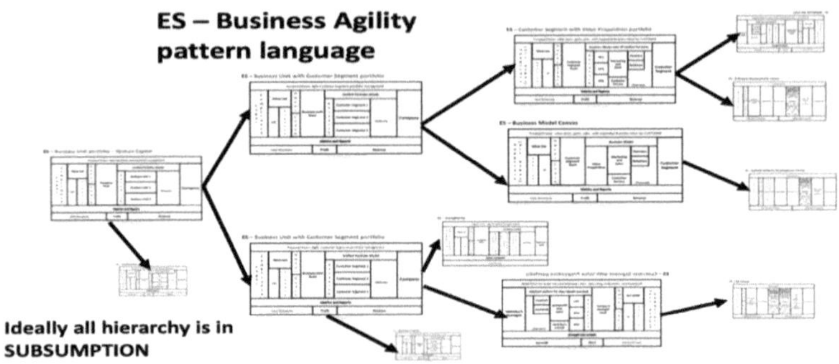

Abbildung 7: Enterprise Scrum – Business Agility for Companies of ANY Size
Quelle: Beedle, M., Enterprise Scrum: Business Agility for the 21St Century, 2018, S. 92

Innerhalb des Enterprise Scrum Frameworks werden die verschiedenen Unternehmensebenen durch die Konfiguration von spezifischen Cavases abgebildet. Jede dieser Ebenen verfolgt einen bestimmten Business Value, der erreicht werden soll, um dem übergeordneten Ziel einen Mehrwert zu verschaffen. Der BV wird wie in Kapitel 4.5 beschrieben durch sog. Cycles geschaffen und durch das im Cycle iterative und inkrementelle Vorgehen weiterentwickelt. Die Vision des Unternehmens stellt das übergeordnete Ziel dar, das jede Instanz zu berücksichtigen hat. Die Stärke des Enterprise Scrum Frameworks liegt zum einen darin, dass Mitarbeiter mit unterschiedlichem Fachwissen in einem autonomen Team zusammenarbeiten und sich weiterentwickeln. Zum anderen ermöglicht die agile Organisationsstruktur die schnellstmögliche Anpassung an Veränderungen, die am Markt stattfinden. Weitere Potentiale des Enterprise Scrum Frameworks werden im nächsten Kapitel begutachtet.[64]

---

[63] Vgl. Beedle, M., Enterprise Scrum, 2018b, S. 19 ff.
[64] Vgl. Beedle, M., Enterprise Scrum, 2018b, S. 35 ff.

4.7 Potentiale von Enterprise Scrum

Aufgrund dessen, dass sich Agilität in Branchen und Bereichen ausweitet, die traditionellerweise mit klassischen Ansätzen geführt werden, bietet das Enterprise Scrum Framework Potentiale auf allen Ebenen eines Unternehmens. Branchenübergreifend ergeben sich zunehmend Herausforderungen für die zu entwickelnde Projekte, die durch interne und externe Faktoren bestimmt werden. Die externen Faktoren sind durch Marktanforderungen und Regulierungen bestimmt. Die internen Faktoren ergeben sich aus der Zusammenarbeit interdisziplinärer Teams in kleinen wie auch großen Projekten. Enterprise Scrum löst die externen Bedingungen nicht, jedoch bietet es wesentliche Vorteile im Umgang mit ihnen. Es bietet die Möglichkeit, auf die sich ändernden Bedingungen mit Flexibilität zu reagieren. Durch das Enterprise Scrum Framework ist es möglich, die internen Faktoren zu beeinflussen und zu verbessern. Zentrale Bestandteile, die dies gewährleisten, sind die verschiedenen Rollen, Elemente und Funktionsweisen, die das Enterprise Scrum Framework umfasst.[65]

Wenn die Vorrausetzung (die agilen Techniken und Scrum) für das agile Framework im Unternehmen bereits bestehen, bietet Enterprise Scrum ein iteratives, inkrementelles Wachstum, das ein professionelles Management ermöglicht. Enterprise Scrum kann auf allen Unternehmenseben eingesetzt werden und ermöglicht somit in jedem Bereich kontinuierliches Wachstum und dadurch einen steigenden Geschäftswert. Ein weiterer wesentlicher Aspekt für das Zukunftspotential ist die Transparenz, die durch die Anwendung des Frameworks entsteht. Diese ermöglicht es, Fehler oder Defizite schnell zu identifizieren und anzupassen. [66]

4.8 Enterprise Scrum und der Aspekt der Führung

Wie in den vorigen Kapiteln bereits angedeutet wurde, sind die verschiedenen Teams im Enterprise-Scrum-Modell selbstorganisierend und weitgehend autonom, sodass die vertikalen und horizontalen Eben zurückgestuft sind. Dennoch ist es notwendig, einen gewissen Grad von Führung zu haben, der bestimmte Rahmenbedingungen vorgibt. Die Anforderungen der Führung haben sich in agilen Unternehmen und Strukturen maßgeblich verändert. Die Führung legt den Fokus nicht mehr auf den Aspekt der Behauptung, sondern auf die gelebte Beziehung auf ein

---

[65] Vgl. Puchan, J. et al., Agile Skalierungsframeworks, 2018, S. 32 ff.
[66] Vgl. Beedle, M., Enterprise Scrum, 2018b, S. 40 ff.

Ziel.[67] Das Vermitteln von Fähigkeiten und Wissen kann in einer agilen Organisation mit reduzierten hierarchischen Strukturen nur auf Augenhöhe erfolgen. Respekt und Einfühlungsvermögen sind wesentliche Bestandteile der lateralen Führung.[68]

Kultur und Mindset und somit auch die Führung sind die grundlegenden Aspekte von Enterprise Scrum. Kein Prozess, keine Methode und kein Unternehmen ist erfolgreich, wenn es nicht von den Mitarbeitern vorangetrieben wird. Das Enterprise-Scrum-Modell bildet ein integriertes agiles Führungsmodell, das für jeden Bereich und jedes Team verschieden gestaltet werden kann. Abbildung 8 verdeutlicht die Führungsoptionen.[69]

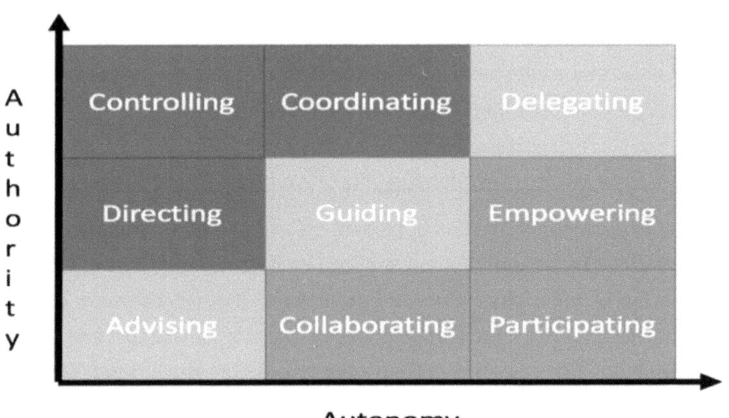

Abbildung 8: Enterprise Scrum Agile Leadership Model
Quelle: Beedle, M., Enterprise Scrum: Business Agility for the 21St Century, 2018, S. 30

Im Enterprise Scrum Framework ist die Autonomie des Teams innerhalb der Projekte ein zentraler Aspekt. Die Selbstorganisation des Teams ist dem Mitwirken und Teilnehmen der Führung vorzuziehen. Der grüne Bereich in Abbildung 8 wird somit im Enterprise Scrum Framework bevorzugt. Dennoch bestehen Fälle, in denen diese Art von Führung nicht zielführend ist. Deshalb kann das ES-Framework

---

67 Vgl. Omer, H., Stärke Statt Macht, 2009, S. 247 ff.
68 Vgl. Gloger, B., Rösner, D., Selbstorganisation, 2017, S. 106 ff.
69 Vgl. Beedle, M., Enterprise Scrum, 2018b, S. 28 ff.

angepasst werden. Die vorzuziehende Führungskraft, wie sie Mike Beedle in ES definiert, ist die eines unterstützenden Führenden.[70]

Im nächsten Kapitel wird die Einordnung in die Thematik des Servant Leaders vorgenommen, um das Verständnis von Kapitel sechs zu gewährleisten.

---

[70] Vgl. Beedle, M., Enterprise Scrum, 2018b, S. 28 ff.

5 Servant Leadership – Der agile Führungsstil

In der aktuellen Umbruchsphase, die nicht nur die Gesellschaft, sondern auch die Wirtschaft betrifft, muss auch Führung neu definiert werden. Alte, überkommene Unternehmensstrukturen, die eine typische Top-down-Hierarchie mit einer autokratischen Führung haben, funktionieren nicht mehr. Durch die Anforderungen an die Organisationen, agil, selbstorganisiert und kommunikativ aufzutreten sowie sich den veränderten Umweltbedingungen in der Wirtschaft anzupassen, ist auch eine wirksamere Art der Führung notwendig – eine Führungskultur der Offenheit und Mitarbeiterorientierung.[71] Im Gegensatz zu einer ‚herrschenden‘ Führung entspricht der Ansatz des Servant Leadership einer Führungsphilosophie des Altruismus, wobei der Mensch in den Mittelpunkt gerückt wird und nicht Mittel zum Zweck ist. Servant Leadership lässt somit traditionelle Führungsmodelle hinter sich und verfolgt den Ansatz, die unterschiedlichen Potenziale der geführten Mitarbeiter zur Entfaltung zu bringen und somit einen Mehrwert für den Kunden, das Unternehmen und sich selbst zu generieren.[72]

5.1 Robert K. Greenleaf – Die Idee des ‚Servant Leadership‘

Die Grundsätze der dienenden Führung wurden von dem US-amerikanischen Autor Robert K. Greenleaf 1970 erstmals in seinem Aufsatz ‚The Servant as a Leader‘ aufgeführt und prägten maßgeblich den Ansatz von Servant Leadership. Seine Inspiration zum Thema Servant Leadership fand Robert K. Greenleaf in einer Erzählung von Herman Hesse mit dem Titel ‚Die Morgenlandfahrt‘. Die Thematik der Erzählung bildet die Auffassung, dass die wahre Größe von Führungspersönlichkeiten darin liegt, dass sie in der Lage sind, eine dienende Position einzunehmen, um die Potentiale des Einzelnen hervorzubringen. Für Greenleaf ist es von wesentlicher Bedeutung, dass die grundlegende Motivation einer Führungskraft nicht aus dem Streben nach Macht und Einfluss resultiert, sondern aus dem Wunsch, sich in den Dienst anderer zu stellen.[73]

Das alte Wertesystem soll durch ein neues ersetzt werden, das auf Werten wie Respekt, Fairness, Vertrauen, Integrität, Mut und Authentizität basiert. Es ist eine Form des Führens, in der die geführten Menschen zu dem Höhepunkt ihrer persönlichen

---

[71] Vgl. Baumann-Habersack, F. H., Mit neuer Autorität in Führung, 2017, S. 1 ff.

[72] Vgl. Schnorrenberg, L. J. et al., Servant Leadership, 2014, S. 20 ff.

[73] Vgl. Greenleaf, R. K., Servant Leadership, 2008, S. 9 ff.

Reife geführt werden. Es geht um eine verantwortungsvolle Menschenführung, in der die eigenen Stärken und Schwächen so genutzt werden können, dass alle Beteiligten und auch die Führungsperson daran wachsen können.[74] Die Aufgabe des Servant Leaders liegt darin, die Bedürfnisse der geführten Menschen zu identifizieren und zu stillen.[75]

Robert K. Greenleaf definiert Servant Leadership als „Respekt vor dem Anderen, als Entwicklung von Menschen, Aufbau einer Gemeinschaft, als Praktizieren von Authentizität und Führung zum Wohl der Geführten und derer, denen die Unternehmung dient."[76] Die Idee von Servant Leadership ist also eher ein Prinzip als eine Theorie – ein Prinzip, das ein Rahmenwerk aufstellt, in dem Führungspersönlichkeiten agieren können, um alle beteiligten Personen ein Umfeld zu bieten, in dem sie sich weiterentwickeln und persönlich wachsen können. Führung kann nicht vorgegeben werden, sondern muss sich in den vorgelebten Werten, Einstellungen und Verhaltensweisen der führenden Personen widerspiegeln. Der nächste Abschnitt befasst sich mit der Zusammenführung von Servant Leadership und dem Kontext von Unternehmen.

5.2 Servant Leadership im Kontext von Unternehmen

Wie bereits erwähnt wurde, führt die Umbruchsphase von Wirtschaft und Gesellschaft zu dem Wandel des alten Wertesystems. Umso dynamischer und turbulenter das Umfeld ist, desto mehr stellt sich die Bedeutung von Führung und Strategie für den Erfolg eines Unternehmens heraus. Auch in wirtschaftlich schwierigen Zeiten ist es möglich, ein Unternehmen erfolgreich zu führen, wenn es von der Unternehmensspitze vorgelebt wird.

Es ist zu beobachten, dass Unternehmen einen Mehrwert darin erkennen, falls das Mitarbeiter-Engagement nicht nur nachhaltig und langanhaltend ist, sondern auch ein physisch, emotional und sozial unterstützendes Arbeitsumfeld geschaffen wird. Bei der Übertragung von Servant Leadership auf Unternehmen wird der Wandel auf individueller Ebene initiiert, um über emotionale, kulturelle und soziale Prozesse in die Organisationsstruktur durchzudringen. Obwohl die Kernidee von Servant Leadership eher eine ethische als eine ökonomische ist, wird durch die

---

74 Vgl. Hinterhuber, H. H., Saeed, M. M., Grundgedanke der Führung, 2014, S. 79. ff.
75 Vgl. Verdorfer, A., Peus C., Leadership, 2015, S. 67.
76 Hinterhuber, H. H., Saeed, M. M., Grundgedanke der Führung, 2014, S. 69.

Einführung von Servant Leadership ein direkter oder indirekter Einfluss auf Leistungsparameter, wie z. B. Bindung, Gewinn, Umsatz etc., ausgeübt. Durch das Vorleben von Werten, die dem Aspekt des Dienens zugrundliegen, werden individuelle und organisationale Leistungsverbesserungen erzielt, beispielsweise ein stärkeres Gemeinschaftsbewusstsein. Diese Leistungsverbesserungen resultieren aus einer höheren Identifikation mit dem Unternehmen und einer besseren emotionalen Stabilität der Mitarbeiter.[77]

5.3 Konzeptionelle Grundlagen von Servant Leadership

Die nachfolgenden Unterkapitel behandeln die konzeptionellen Grundlagen von Servant Leadership. Dabei wird auf die zehn Kernelemente, die Kernfragen von Servant Leadership, wie auch auf das Paradoxon von ‚dienen' und ‚führen' eingegangen, um die Voraussetzung für das sechste Kapitel (Servant Leadership als Bestandteil von Enterprise Scrum) zu schaffen.

5.3.1 10 Kernelemente ‚dienender Führung'

Der heutige Präsident und CEO des ‚The Spears Center for Servant-Leadership', Larry C. Spears, leitete aus intensiven langjährigen Studien die zehn Kernelemente einer ‚dienenden Führung' ab, die für die Entwicklung hin zu einer Führungspersönlichkeit nach den Ansätzen von Servant Leadership von zentraler Bedeutung sind. Nachfolgend werden diese zehn Kernelemente wiedergeben.

5.3.1.1 Aktives Zuhören

Dass von Führungskräften erwartet wird, besondere Fähigkeiten in den Gebieten Entscheidungsfindung und Kommunikation aufzuweisen, ist naheliegend. Jedoch ist die Fähigkeit, zuzuhören und das Gesagte unvoreingenommen zu reflektieren sowie nonverbale Botschaft wahrzunehmen, ebenso eine Kernkompetenz einer Führungsperson. Das Vermögen, anderen aufmerksam zuzuhören, beruht gewissermaßen auf dem Attribut von Demut, das zum Ausdruck bringt, dass keine Person allwissend ist und auch die Führungsperson selbst deshalb bereit ist, von anderen zu lernen.[78]

---

[77] Vgl. Weibler, J., Servant Leadership, 2018.
[78] Vgl. Schnorrenberg, L. et al., Servant Leadership, 2014, S. 37.

5.3.1.2 Empathie

Der US-amerikanische Ökonom Peter Ferdinand Drucker schrieb: „They`re Not Employees, They`re People"[79]. Für ihn zeichnet sich Führung dadurch aus, dass sie als Menschenarbeit verstanden wird, die Wettbewerbsvorteile generiert. Um eine gute Führungspersönlichkeit zu sein, ist es nötig, den Mitarbeiter als Mensch zu betrachten, denn er benötigt ein gewisses Maß an Wertschätzung und Verständnis für eine vielversprechende Entwicklung.[80]

5.3.1.3 Heilung

Unter dem Begriff ‚Heilung' wird im Zusammenhang mit Servant Leadership die Fähigkeit verstanden, Menschen zur Entfaltung zu verhelfen und Beziehungskonflikte zu lösen. Somit macht die Bereitschaft, Menschen zu helfen, einen wesentlichen Bestandteil guter Führung aus. Der kanadische Unternehmer Lance Secretan spricht davon, „[...] dass die Führungskräfte ein ‚Heiligtum' schaffen sollen, eine kreative Unternehmenskultur, in der Spontanität, Dynamik, Spaß, Humor, Befreiung von Versagensängsten, Anreize, gegenseitiges Wohlwollen und kultivierte Umgangsformen"[81] prägend sind.

5.3.1.4 Bewusstsein

Mit dem Begriff ‚Bewusstsein' wird die Fähigkeit beschrieben, die Aufmerksamkeit auf sich selbst und die eigene Umgebung zu fokussieren. Die durch die Fokussierung gewonnenen Informationen dienen der ‚bewussten' Person dazu, frühzeitig in Geschehnisse einzugreifen. Durch verschiedene Fragen, wie z. B. ‚Was geht in mir vor?', ‚Was tu ich?' und ‚Wie erfahren andere mich?' soll das Bewusstsein zugänglich gemacht und das eigenständige Handeln reflektiert werden.[82]

5.3.1.5 Weitsicht und Intuition

Für Robert K. Greenleaf ist Weitblick ein wesentlicher Aspekt der Ethik von Leadership. Weitblick ist die Fähigkeit, in Gesamtzusammenhängen zu denken und zu fühlen sowie der inneren Intuition zu vertrauen. Weitsicht und Intuition sind wesentliche Merkmale guter Führung, um in komplexen Situationen Gelassenheit zu bewahren und die Entwicklung besser einschätzen zu können. Laut Leonard

---

[79] Vgl. Drucker, P., 2002, zit. nach Schnorrenberg et al., Servant Leadership, 2014, S. 31.

[80] Vgl. Schmid, T., Aulinger, A., Führung, 2009, S. 297.

[81] Secretan, L., 1997, o.S., zit. nach Schnorrenberg et al., Servant Leadership, 2014, S.31 ff.

[82] Vgl. Schnorrenberg, L. et al., Servant Leadership, 2014, S. 32 ff.

Schnorrenberg ist es „Der innere Weitblick [...], der den Führenden führt", sich aktiv seiner Intuition zu bedienen und sich von ihr führen zu lassen. Intuition und Verstand haben beide dasselbe Ziel, die ‚richtige' Entscheidung zu treffen und in Synergie mit den richtigen Entscheidungen dem übergeordneten Ganzen zu dienen.[83]

5.3.1.6 Überzeugungskraft auf Basis von Vertrauen

Eine Führungskraft, die nach den Idealen von Servant Leadership handelt, überzeugt durch einen vorbildhaften Charakter und Glaubwürdigkeit und nicht durch Macht und Autorität. Führung durch Macht bedeutetet das Schüren von Angst, das Androhen von Konsequenzen und die Intention, hauptsächlich für sich selbst zu sorgen. Dementgegen bedeutet Führung durch Vertrauen Inspiration und somit die Rahmenbedingung für innovative Kreativität.[84] Somit spiegelt Vertrauen eine wesentliche Eigenschaft wider, die eine Führungskraft mitbringen muss, damit Mitarbeiter bereit sind, ihr zu folgen. Die Integrität der führenden Person ist hier von zentraler Bedeutung.[85]

5.3.1.7 Mut, Visionen zu konzeptualisieren

Eine dienende Führungskraft gibt durch ihre Visionen Zielperspektiven, somit erfüllt die Vision das Ziel mit einem Sinn, der entscheidend für den Beitrag der Mitarbeiter ist. Denn Mitarbeiter wollen nicht bloß Aufgaben erledigen, sie wollen etwas Nützliches schaffen, um einen Beitrag zu leisten und ihrer Tätigkeit einen Sinn zu verleihen. Servant Leaders haben die Fähigkeit, das große Ganze zu betrachten und daraus Ziele sowie Umsetzungsstrategien abzuleiten, um eine Vision zu veranschaulichen. Des Weiteren benötigt die führende Person Mut, um Visionen umzusetzen.[86]

5.3.1.8 Eigenverantwortung stimulieren und Gemeinschaft fördern

Jede Organisation ist eine Gemeinschaft von Menschen. Somit ist ein wesentlicher Bestandteil guter Führung, die Mitarbeiterzufriedenheit zu erhöhen. Schnorrenberg spricht von einer heilmachenden Kraft einer Organisation, der „schöpfenden Kraft der Liebe" der Menschen, die mit der Organisation verbunden sind. Seiner

---

83   Vgl. Schnorrenberg, L. et al., Servant Leadership, 2014, S. 32 ff.
84   Vgl. ebd.
85   Vgl. Paschek, P., Personalberatung, 2004, S. 122.
86   Vgl. Beck, R., Schwarz, G.: Personalentwicklung, 2004, S. 122 ff.

Ansicht nach inspiriert die Liebe das altruistische Denken der Menschen in einer Organisation. Eine solche Unternehmenskultur stimuliert die dienende Eigenverantwortung.[87]

5.3.1.9 Die Kunst der Kontemplation in der Aktion

Die Kunst der Kontemplation in der Aktion ist die Achtsamkeit in allen Dingen des Alltags. Sie schafft Klarheit für die Entwicklung von Vertrauen und Gelassenheit, die für Führungspersonen von Bedeutung ist. Eine achtsame Lebenshaltung führt aus der Oberflächlichkeit des Fühlens und Handelns heraus in eine offenere Haltung gegenüber Ereignissen, Situationen und der Gemeinschaft.[88] Nach Leonard Schnorrenberg führt „Die Kunst der Kontemplation in der Aktion [...] zu einer tieferen Herzverbindung zu Menschen, zu Situationen, zu Herausforderungen, zu allem, was wir tun."[89]

5.3.1.10 Dienende Führung beginnt mit dem Verlangen, sich selbst ändern zu wollen

Führung bildet in einer Organisation eine zentrale Schnittstelle zwischen Mitarbeitern und dem Erreichen von Visionen und Zielen. Somit obliegt es einer großen Verantwortung, sein eigenes Verhalten und Entscheidungen mit Bedacht zu wählen, da diese Handlungen Einfluss auf andere haben. Für Leonard Schnorrenberg ist eine dienende Führungskraft eigenverantwortlich und weiß, dass sie nur das verlangen kann, was sie auch selbst bereit ist, zu geben. Die Entwicklung der eigenen Führungskompetenzen erfordert zunächst die Entwicklung des eigenen Charakters.[90]

Die vorgestellten Kernelemente von Servant Leadership sind keine strikten Verhaltenslinien, die Führungspersonen durch ihre bloße Anwendung zu dienenden Führenden werden lassen. Vielmehr beschreiben sie einen individuellen Weg, den eine Führungsperson gehen muss, um sich zu einem Servant Leader zu entwickeln. Jeder dieser Wege ist einzigartig und muss für sich selbst gefunden werden, da das Führen nicht vom Charakter des Führenden losgelöst ist.

---

87   Vgl. Schnorrenberg, L. et al., Servant Leadership, 2014, S. 41.

88   Vgl. ebd.

89   Schnorrenberg, L. et al., Servant Leadership, 2014, S. 42.

90   Vgl. ebd.

5.3.2 Die Kernfragen der ‚dienenden Führung'

Um die Einflussnahme von Servant Leadership beurteilen zu können, erarbeitete Robert K. Greenleaf folgende Kernfragen der ‚dienenden Führung':

„In welchem Umfang wachsen die Personen, denen gedient wird, als Menschen?"

„Werden sie gesünder, weiser, freier und autonomer?"

„Wollen sie selbst auch Servant Leader werden?"

„Welche Effekte sind insbesondere für die weniger Privilegierten wahrnehmbar?"[91]

Nach Leonard Schnorrenberg weisen diese Kernfragen über die Effekte von dienender Führung auf die wechselwirkenden Charakterebenen von Führenden und Geführten hin. Er beschreibt das als eine „[...] korrelative Beziehung, die frei ist von Abhängigkeiten."[92]

Ob die zentrale Fragestellung ‚Kann eine dienende Haltung zum Wohl anderer sein?' bejaht werden kann, kann nur der ‚Empfänger' beantworten. Außerdem wurde festgestellt, dass die dienende Haltung nicht durch Dritte aufgezwungen werden kann, da das Verpflichtende, das nicht Gewollte dazu führt, dass die zentralen Elemente einer dienenden Führung nicht erfüllt werden. Es benötigt eine gewisse intrinsische Motivation der dienenden Person, eine langfristig ausgewogene Wechselwirkung zwischen Sender und Empfänger aufzubauen. Laut Leonard Schnorrenberg hat Dienen mit der zu priorisierenden Fragestellung zu tun: „Was willst du, dass ich für dich tun soll?"[93] Für Schnorrenberg hat es eine zentrale Bedeutung, im Dienen anderer auch sich selbst Barmherzigkeit zuzugestehen, wenn diese erforderlich ist.[94]

Servant Leadership ist nur in einem Rahmen möglich, in dem Achtsamkeit und Einfühlungsvermögen vorhanden sind. Es handelt sich um einen Prozess, der als Erstes bei dem Führenden selbst stattzufinden hat. Demzufolge sind Fähigkeiten wie die Reflexion, Sinnessuche, Ehrlichkeit, Empathie, Authentizität, das Bewachen der eigenen Grenzen und das Loslassen der Eigenbedürfnisse Voraussetzungen. Es ist nur möglich, anderen zu Diensten zu sein, wenn der Führende selbst erfüllt ist und mit sich und seinen eigenen Werten in Einklang lebt. Wenn das eigene Wohl als

---

[91] Schnorrenberg, L. et al., Servant Leadership, 2014, S. 35.
[92] Ebd.
[93] Ebd.
[94] Vgl. Schnorrenberg, L. et al., Servant Leadership, 2014, S. 35.

oberste Maxime gilt, kann kein Frieden mit sich selbst und anderen gefunden werden. Die Loslösung von allen Abhängigkeiten und die damit verbundene Entwicklung der eigenen Persönlichkeit sind der beste Weg, mehr Dienstbarkeit zu entwickeln.[95]

5.3.3 Das Paradoxon von Dienen und Führen

Das in der Kapitelüberschrift genannte Paradoxon führt zu folgender Fragestellung: Sind Führen und Dienen Gegensätze? Anhand verschiedener Darstellungen soll diese Fragestellung nachfolgend verneint werden.

Hans Merkle beschreibt Dienen und Führen in seinem gleichnamigen Buch ‚Dienen und Führen‘ „[...] als Aspekte einer Grundtatsache, als Erscheinungsform eines Phänomens [...]".[96] Nach der Ansicht von Merkle ist Führung eine besondere Art von Dienen und die Eignung einer Person als Führender entspringt aus der Bereitschaft, zu dienen. Auch der Unternehmer Peter Zinkann sieht keine diametrale Gegenüberstellung der Begriffe ‚dienen‘ und ‚führen‘. Er vertritt die Ansicht, dass Dienen die Voraussetzung von Führen ist. Seiner Auffassung nach bedeutet Führen, andere Menschen für ein gemeinsames Ziel zu begeistern, zu motivieren und sich dafür einzusetzen, diesem Ziel an sich zu dienen.[97] Markus Korst und Boris Kaehler beschreiben in Ihrem Artikel ‚Servant Leadership – Die Führungskraft als Diener?‘, dass das Führen als Dienstleistung keine Unterordnung der Führungskraft gegenüber ihren Mitarbeitern bedeutet, sondern eher eine unterstützende Funktion beinhaltet, wie z. B. das Vorgeben bestimmter Arbeitsziele oder das Zuteilen von notwenigen Ressourcen. Es unterstützt somit auch nicht den Verzicht auf notwendige, jedoch für den Mitarbeiter eher unangenehme Maßnahmen, da diese einen Teil des Dienens der Organisation ausmachen.[98]

Der Begriff ‚Dienen‘ bedient sich im deutschen Sprachgebrauch einer großen Spannweite an Interpretationen und hat oft eine negative Bedeutung. Bei dienender Führung geht es nicht um die Vorstellung, ein ‚Diener‘ von jemandem zu sein, sondern vielmehr um die Unterstützung und Weiterentwicklung von Personen, um gemeinsame Ziele zu erreichen. Somit lässt sich feststellen, dass einer guten Führung die synergetische Kraft von Dienen und Führen zugrunde liegt. Demnach ist

---

[95] Vgl. Schnorrenberg, L. et al., Servant Leadership, 2014, S. 36 ff.

[96] Merkle, H. L., Dienen und Führen, 2002, S. 162.

[97] Vgl. Zinkann, P., Notizen zu Servant Leadership, 2007, S. 63.

[98] Vgl. Korsten, M., Kaehler, B., Leadership, 2010, S. 56.

es richtig, dass es im Begriff Servant Leadership kein Paradoxon zwischen dienen und führen gibt, die zwei Konzepte sind vielmehr Bestandteile voneinander.[99]

[99] Vgl. Schnorrenberg, L. et al., Servant Leadership, 2014, S. 44 ff.

6 Servant Leadership als Bestandteil von Enterprise Scrum

Im sechsten Kapitel werden die im Vorfeld umfassend behandelten Themengebiete miteinander in Verbindung gebracht. Es wird der Frage nachgegangen, ob die Kombination von Servant Leadership mit dem verhältnismäßigen jungen Ansatz von Enterprise Scrum zu einem Mehrwert für die Führungsebene von Organisationen führt. Wie sich durch die Fragestellung ergibt, wird im sechsten Kapitel die Philosophie der beiden Ansätze gegenübergestellt sowie die Einbindung des agilen Führungsmodells in das Enterprise Scrum Framework evaluiert.

6.1 Philosophie von Servant Leadership und Enterprise Scrum

Obwohl Servant Leadership ein Führungsmodell und Enterprise Scrum ein agiles Organisations-Framework ist, zeigen sich in der Philosophie der beiden Ansätze starke Parallelen. Beide Modelle setzten neue Maßstäbe und Wertesysteme in den Mittelpunkt des Handelns. Der Mittelpunkt der Organisation und der Führung ist der Mitarbeiter selbst. Es geht um innere Werte eines Menschen und die Entwicklung seiner Persönlichkeit sowie der sachlichen Kompetenz und Erfolgsbilanz.[100] Sowohl Servant Leadership als auch Enterprise Scrum ziehen auf eine subtile Art und Weise Veränderungsprozesse nach sich. Werte und Motive werden nicht durch herrschende Strukturen aufgedrängt, sondern es wird durch unterstützende Methoden dazu angeregt, diese Veränderungen selbst zu entdecken. Bei beiden Konzepten wird der bevorstehende Wandel auf einer individuellen Ebene initiiert und soll über kulturelle und soziale Prozesse in die Organisation eingegliedert werden. Unverzichtbar bei den agilen Ansätzen ist das Team, das interdisziplinär zusammengesetzt ist und sich komplett selbst organisieren darf. Durch die resultierende Entscheidungsfreiheit, in der Fehlentscheidungen nicht bestraft, sondern besprochen werden, wird die eigene Arbeit von den jeweiligen Mitarbeitern zunehmend als wertvoll wahrgenommen. Durch die steigende Selbstbestimmung und die Autonomie jedes Mitarbeiters in Bezug auf die Gestaltung seiner Arbeit werden positive Einflüsse auf direkte wie auch indirekte Leistungsparameter in Aussicht gestellt.[101]

Es ist festzustellen, dass die in Abbildung 9 aufgeführten Werte von Enterprise Scrum in Übereinstimmung mit denen des Servant Leaders stehen.

---

[100] Vgl Hartmann, M., Servant Leadership, 2013, S. 24 ff.
[101] Vgl. Weibler, J., Servant Leadership, 2018.

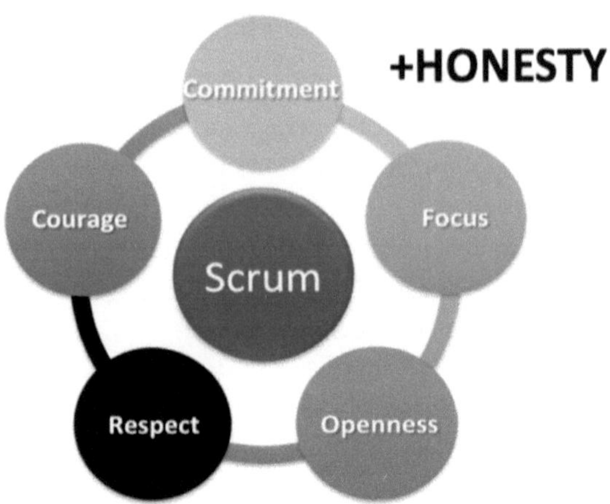

Abbildung 9: Enterprise Scrum Values
Quelle: Beedle, M., Enterprise Scrum: Business Agility for the 21St Century, 2018, S. 24

Die in Abbildung 9 aufgeführten Werte Commitment, Focus, Courage, Respect und Openness gliedern sich gut in die Philosophie der dienenden Führung ein. Bei Enterprise Scrum wie auch bei Servant Leadership geht es um den eigenen Charakter und das eigene Verhalten, um Respekt dem Team gegenüber und um Offenheit für die Ideen anderer und den Mut, die Bedürfnisse der Mitarbeiter über seine eigenen zu stellen.[102]

Durch die aufgezeigten Parallelen der beiden Ansätze in Bezug auf die gelebten Werte ist eine Einbindung einer agilen Führungsmethode in ein agiles Organisations-Framework möglich und soll im nächsten Kapitel evaluiert werden.

6.2 Einbindung von Servant Leadership in das Enterprise-Scrum-Modell

Die Veränderungen, die durch den digitalen Wandel vorangetrieben werden, sind bedeutend in ökologischer sowie sozialer Hinsicht. Digitale Geschäftsmodelle, Informationstechnologien, Künstliche Intelligenz etc. führen zu einem Wandel in Branchen, Märkten, Organisationsstrukturen, Kulturen, Werten und Kundenbeziehungen genauso wie in der Form des Zusammenarbeitens.[103] In einem solchen Kontext kommt der Führung, deren Aufgabe es ist, den Wandel zu managen, eine signifikante Bedeutung zu. Es werden nicht nur Strukturen und Prozesse infrage

---

[102] Vgl. Overeem, B., Scrum Master, 2017, S. 8.
[103] Vgl. Zeichhardt, R., E-Leader, 2018, S. 3 ff.

gestellt, sondern es muss bei der Belegschaft auch Akzeptanz für den Wandel geschaffen werden. [104]

Gegenstand dieses Beitrags ist es, die Möglichkeiten für das agile Führungsmodell von Servant Leadership im Rahmen des Enterprise Scrum Frameworks zu identifizieren. In diesem Sinne wird untersucht, auf welchen Ebenen es sinnvoll ist, den agilen Führungsstil zu etablieren, und wo Potenziale aus der Kombination der beiden Ansätze resultieren.

6.2.1 Servant Leadership als Führungsstil im Enterprise Scrum Framework

Einen wesentlichen Aspekt des Servant Leaderships stellt die dezentrale Struktur der dienenden Führung dar, in der die Innovation und Selbstbestimmung gefördert werden. Das bedeutet im Wesentlichen, dass das obere Management die Entscheidungsbefugnisse mit den jeweiligen Mitarbeitern teilt, die in direkter Interaktion mit den Kunden stehen. Das Team, das in direkter Übereinstimmung mit den Kundenbedürfnissen arbeitet, kann in diesem Zusammenhang Wettbewerbsvorteile schneller erkennen und dementsprechend schneller agieren. Damit Führungskräfte wie auch Mitarbeiter selbstständig handeln und Initiative ergreifen können, sollte sich die Unternehmensleitung auf das Festsetzen von Zielen und Rahmenbedingungen beschränken. Nur in Fällen, in denen Weisungen und Anordnungen unverzichtbar sind, sind diese sinnvoll.[105] Durch das Rahmenwerk von Enterprise Scrum, in dem einheitliche Visionen der spezifischen Ziele dargelegt und Rahmenbedingungen der einzelnen Projekte durch die VLI festgelegt sind, ist es möglich, das agile Führungsmodell der dienenden Führung in die verschiedenen Unternehmensebenen einzubinden. In diesem Zusammenhang bietet der Servant Leader dem Team die nötige Freiheit, um autonom zu arbeiten, sich selbst zu organisieren und zu entwickeln – in einem Rahmen, der durch Enterprise Scrum geschaffen wird.

Flache und flexible Strukturen benötigen ein ausgereiftes Kommunikationssystem. Es ist festzuhalten, dass eine gewisse Hierarchie immer eine grundlegende Dimension einer Organisation ist, jedoch kann sich das Rollenverständnis innerhalb dieser Organisation verändern. Somit kommt es auf den psychologischen wie auch professionellen Reifegrad des Teams an. Umso höher der Reifegrad, desto flacher

---

[104] Vgl. Holtzhausen N., de Klerk, J. J., Servant Leadership, 2018, S. 873 ff.
[105] Vgl. Hinterhuber, H. H., Saeed, M. M., Grundgedanke der Führung, 2014, S. 82 ff.

kann die Hierarchie innerhalb der Organisation aufgebaut sein. Grundlegend kann somit festgehalten werden, dass die Kernpunkte dienender Führung nur dann zur Entfaltung kommen können, wenn die Voraussetzungen für sie gegeben sind. Wie Mike Beedle in ‚Enterprise Scrum Definition: Business Agility for the 21st Century' beschreibt, ist der Führungsstil, der bevorzugt wird, der des Servant Leanders, jedoch muss der Führungsstil an den Reifegrad des Teams angepasst sein, um das beste Ergebnis zu erreichen.[106]

Es ist zu erkennen, dass klassische, hierarchische Strukturen aufgrund der Komplexität und Variabilität der Probleme in Zukunft zunehmend ungeeigneter werden. Durch Enterprise Scrum in Kombination mit Servant Leadership ist es möglich, funktions- und hierarchieübergreifende sowie interdisziplinäre Teams auf allen Verantwortungsebenen der Organisation zu etablieren. Durch die Einbindung von Servant Leadership sollen dem Team der nötige Freiraum und die Unterstützung eingeräumt werden, damit es sich am besten entwickeln kann. Dabei ist es die Aufgabe der Führung, dem Team einen Sinn zu geben, für den es arbeitet. Dieser Sinn soll von der Vision des Unternehmens abgeleitet und durch die Führungsperson an das Team kommuniziert werden.[107]

Die Einbindung von Servant Leadership in das Enterprise Scrum Framework bietet eine Möglichkeit, das Team und auch das Unternehmen selbst zu unterstützen. Servant Leaders konzentrieren sich primär auf die Bedürfnisse anderer, was dazu führt, dass Vertrauen, Engagement und stärkere Beziehungen zu den Teammitgliedern und Stakeholdern aufgebaut werden. Durch bestimmte Aspekte eines Servant Leaders, wie z. B. Einfühlungsvermögen, Zuhören, Überzeugungskraft, Konzeptualisierung, Gemeinschaft etc., wird der wesentliche Erfolgsfaktor einer Organisation, der Mitarbeiter, aufgebaut, weiterentwickelt und zu Höchstleistungen gebracht. Das agile Führungsmodell von Servant Leadership kann so das Enterprise Scrum Framework bestmöglich erweitern, indem es die Voraussetzung für die Agilität im Unternehmen gewährleistet. Diese Voraussetzung ist der Mensch innerhalb der Organisation, der durch eigene Antriebskraft und Innovation auf sich verändernde Kundenbedürfnisse reagiert.[108]

---

106 Vgl. Hinterhuber, H. H., Saeed, M. M., Grundgedanke der Führung, 2014, S. 82 ff.
107 Vgl. Zinkann, P., Notizen zu Servant Leadership, 2007, S. 285 ff.
108 Vgl. Spears, L. C., Servant Leadership in der Praxis, 2014, S. 138 ff.

6.2.2 Servant Leadership im Enterprise Scrum Cycle

Aufgrund dessen, dass Enterprise Scrum durch eine Vielzahl von autonomen Instanzen hinweg besteht, die durch flache Hierarchieebenen bestimmt werden, fallen Tätigkeiten, die zuvor im Aufgabenbereich des mittleren Managements lagen, auf das Scrum Team zurück. Das sind Tätigkeiten wie z. B. die Arbeitszuweisung, Koordination, Leistungsmessung, die Rücksprache mit dem Auftraggeber oder auch die gesamte Verantwortung für das Produkt. Innerhalb des Enterprise Scrum Cycles und der verschiedenen Phasen (Planning, Collaborate, Rewiev, Improve) werden die Aufgabenbereiche eingearbeitet. Somit stellt sich die Frage, wer und welche Rolle eine Führungsperson übernehmen muss, damit das Enterprise Scrum Team diese Anforderungen umsetzen kann.[109]

Gemäß der Idee des Enterprise Scrum Frameworks wird der Enterprise Scrum Cycle durch das Team vorangetrieben. Die Verbindung zwischen dem Team und dem BO, also auch mit den Stakeholdern, besteht ausschließlich über die Kommunikation durch den Enterprise Scrum Coach. Somit ist die Einbindung von Servant Leadership in den Enterprise Scrum Cycle nur durch den Enterprise Scrum Coach möglich. Im weiteren Verlauf dieses Kapitels wird analysiert, welche Anforderungen das Enterprise Scrum Team stellen sollte, um im Sinne der Servant-Leadership-Philosophie unterstützt zu werden.

Um ein Team als selbstorganisierte Einheit aufzusetzen, ist es nötig, die entsprechenden Rahmenbedingungen für Teamarbeit zu sichern. Zu diesen Rahmenbedingungen gehören das Setzen von klaren Zielen, die Kommunikation von relevanten Informationen, das Vermitteln eines Sinns, eine ausgewogene Personalauswahl, die geeignete Ressourcenzuteilung und ein gewisser Grad an Autonomie. All diese Rahmenbedingungen gehören zu Führungsaktivitäten, die ein Team zur Selbstorganisation befähigt. Die Führungskraft, die eine unterstützende Funktion einnimmt, sollte demnach das Team nach außen hin unterstützen und Hindernisse beseitigen, eine Gesprächskultur fördern, die konstruktives Feedback ermöglicht, und individuell auf die Fähigkeiten einzelner Personen eingehen, um diese zu fördern.[110] Gegenstand des nächsten Kapitels ist deshalb der Enterprise Scrum Coach als Servant Leader.

---

[109] Vgl. Maigatter, A., Führung und Scrum, 2018, S. 305 ff.
[110] Vgl. Maigatter, A., Führung und Scrum, 2018, S. 305 ff.

6.2.3 Enterprise Scrum Coach als Servant Leader

Wie bereits in Kapitel 6.1 beschrieben wurde, stehen die Werte von Servant Leadership im Einklang mit den agilen Werten von Enterprise Scrum. Die Werte Commitment, Focus, Courage, Respect und Openness bilden somit auch die Basis, auf der ein Enterprise Scrum Couch agieren sollte. Ein wesentlicher Aspekt, warum der Enterprise Scrum Couch für eine dienende Führung prädestiniert ist, ist, dass die Rollenverteilung von ES dem ESC keine organisatorische Autorität oder Macht zugesprochen hat. Es ist nicht die Rolle des ESC, eine Führungs- oder Managementposition einzunehmen. Somit führt das Fehlen der organisatorischen Autorität zu einer psychologischen Sicherheit im Team, die zur Selbstorganisation befähigt. Die Aufgabe eines dienenden ESC liegt somit darin, eine sichere Umgebung für das Team zu schaffen, die sich durch Produktivität und Selbstentwicklung auszeichnet.[111]

Es ist festzustellen, dass der Aspekt der Führung ein wesentlicher Baustein eines effektiven Enterprise Scrum Teams ist. Der ESC schafft die Vorraussetzungen, um die Effektivität des Teams zu erhöhen. Cooke and Hilton definieren die Team-Effektivität als „die Fähigkeit eines Teams, seine Ziele zu erreichen"[112]. Die Fähigkeit, Ziele zu erreichen, führt zu einer erhöhten Zufriedenheit der Teammitglieder sowie zu einer erhöhten Bereitschaft, weiterhin zusammenzuarbeiten. Laut Hu und Liden führt das Praktizieren des Ansatzes von Servant Leadership dazu, die Effektivität des Teams und der Führungskräfte zu erhöhen.[113] Weitere Faktoren, die zu einer verbesserten Teamleistung beitragen, sind Vertrauen und psychologische Sicherheit. Demnach kann dienende Führung die Effektivität des Teams verbessern, indem sie „eine vertrauensvolle, faire, kollaborative und hilfreiche Kultur"[114] im Projektumfeld schafft. Vertrauen wird dabei in kognitions- und affektbasiertes Vertrauen unterteilt. Wirkungsbasiertes Vertrauen basiert auf der emotionalen Bindung zwischen Individuen. Kognitionsbasiertes Vertrauen umfasst Dimensionen wie Kompetenz, Zuverlässigkeit und Abhängigkeit.[115] Psychologische Sicherheit entsteht durch die einheitliche Wahrnehmung des Teams, da die zwischenmenschlichen Beziehungen innerhalb der Gruppe die Risikobereitschaft und das Lernen

---

[111] Vgl. Ravalani, K., Scrum Master, 2019.

[112] Cooke, N. J., Hilton, M. L., Team-Effektivität, 2015, S. 72.

[113] Vgl. Hu, J., Liden, R. C., Team potency and team effectiveness, 2011, S. 851-862.

[114] Parris, D.L., Peachey, J. W., Servant leadership theory in organizational contexts, 2013, S. 387.

[115] Vgl. McAllister, D. J., Affect-and cognition-based, 1995, S. 24 ff.

unterstützen.[116] Zusätzlich zu dem Einfluss der Führung auf die Team-Effektivität ist die Zusammensetzung des Teams ein wesentlicher Faktor, der seinen Erfolg beeinflusst. Abbildung 10 verdeutlicht die bereits aufgeführten Aspekte, die auf die Team-Performance wirken.

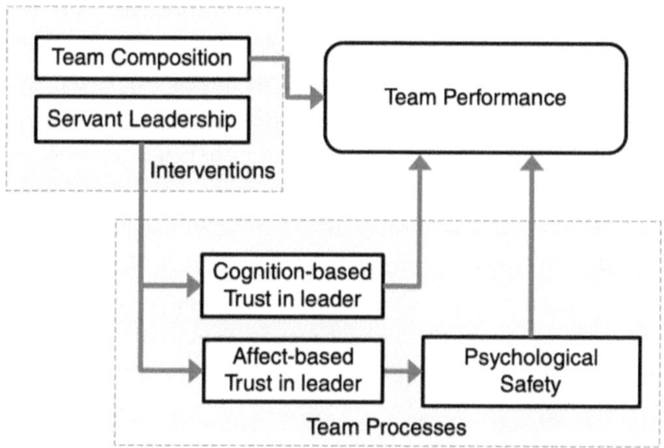

Abbildung 10: Conceptual Model of Servant Leadership in Scrum Teams
Quelle: Holtzhausen, N., de Klark, J. J., Servant leadership and the Scrum team's effectiveness, 2018, S. 876

Anhand Abbildung 10 ist zu sehen, dass der ESC wesentlich zum Erfolg des Teams beiträgt. Durch die gezielte Zusammensetzung des Teams in Kombination mit dem Führungsstil des Servant Leaders kann die Team-Performance signifikant verbessert werden. Demnach ist der Servant-Leadership-Ansatz in Verbindung mit der Rolle des ESC der vorzuziehende Führungsstil im Rahmen des Enterprise Scrum Cycles. Der Erfolg auf den verschiedenen Unternehmensebenen, die durch Enterprise Scrum agiler gemacht werden, hängt somit maßgeblich mit dem Fokus auf Teamprozessen wie Führung, psychologischer Sicherheit und Vertrauen zusammen.

---

[116] Vgl. Edmondson, A., Safety and learning behavior in work teams, 1999, S. 350 ff.

6.3 Mögliche Potenziale von Servant Leadership in Kombination mit Enterprise Scrum

Das vorliegende Unterkapitel befasst sich mit der Fragestellung: Welche Potentiale ergeben sich durch die Kombination von Servant Leadership mit Enterprise Scrum? Wie in den vorherigen Kapiteln beschrieben wurde, bietet das agile Führungsmodell von Servant Leadership viel Potential, um zunehmend agile Organisationen erfolgreich zu führen. Es stellt eine mögliche Alternative zu autokratischeren Führungsstilen dar. Durch den Wandel, der sich aus der zunehmenden Digitalisierung ergibt, folgt ein Umdenken in allen Branchen und gesellschaftlichen Schichten. Immer mehr Unternehmen stellen den Ansatz der Shareholder-Value-Maximierung in Frage. Organisationen werden zunehmend agiler und der Mitarbeiter selbst tritt in den Fokus der Unternehmen. Erfolgreiche Unternehmen basieren auf einem Fundament von motivierten, innovativen und ausgeglichenen Mitarbeitern. Somit stellen Enterprise Scrum und auch Servant Leadership zukunftsorientierte Ansätze dar, die hohes Potential bieten. [117]

Das Enterprise Scrum Framework bildet somit die notwendigen Rahmenbedingungen für Unternehmen, um Agilität in alle Ebenen einzugliedern und so die Hierarchie abzuflachen. Ein wesentlicher Vorteil des Frameworks besteht darin, direkt auf neue und sich verändernde Kundenbedürfnisse einzugehen und Produkte oder Dienstleistungen sukzessiv durch die Enterprise Scrum Cycles an die Kundenbedürfnisse anzupassen. Zusätzlich ist es möglich, neue Methoden oder Verfahren in das System zu integrieren. Der agile Führungsstil von Servant Leadership kann sich durch die vorgegebenen Rahmenbedingungen von ES etablieren und die Team Performance signifikant verbessern. Servant Leadership, dessen Grundsatz das altruistische Denken ist, hat positive Auswirkungen auf Moral und Ethik in Bezug auf den Menschen, aber auch in Bezug auf die organisatorische Verantwortung. Erfolg sollte nicht auf Kosten von Ethik oder moralischem Ansehen in der Gesellschaft oder Industrie erzielt werden. Diese Denkweise wird in Zukunft aufgrund eines Umdenkens der Bevölkerung und somit auch der Kunden voraussichtlich signifikant an Bedeutung gewinnen.[118]

Das Praktizieren eines dienenden Führungsmodells durch leitende Führungskräfte kann dazu führen, dass Ansätze von Servant Leadership auf die geführten

---

[117] Vgl. Melchar, D. E., Bosco, S. M., Organization Performance, 2010, S. 84 ff.
[118] Vgl. Holtzhausen, N., de Klerk, J. J., Servant Leadership, 2018, S. 873 ff.

Mitarbeiter übertragen werden, was zu einer konsistenten Unternehmenskultur beiträgt. Es ist nachgewiesen, dass die individuellen Erfolge der Mitarbeiter mit denen des Unternehmens korrelieren. Eine Führung, die die Leistungsfähigkeit der Mitarbeiter fördert, fördert somit gleichermaßen den Erfolg der Unternehmung. Die Kombination von Servant Leadership und Enterprise Scrum bietet ein Unternehmensmodell, in dem Wissen, soziale Verantwortung und die Entwicklung von Individuen geschätzt und erarbeitet werden. Gerade in Bezug auf die Rolle des Enterprise Scrum Coaches bietet sich für die Etablierung des Ansatzes das meiste Potenzial, da der ESC eine Schnittstelle zwischen Business Owner, Stakeholdern und dem Team bildet und sich die Team-Effektivität durch den Einsatz von Servant Leadership verbessern kann.[119]

---

[119] Vgl. Melchar, D. E., Bosco, S. M., Organization Performance, 2010, S. 84 ff.

7 Limitationen der Arbeit

Aufgrund diverser Parameter, die den Umfang der vorliegenden theoretischen Arbeit begrenzen, weist sie einige Lücken auf. Um aufzudecken, an welchen Stellen Verbesserungen angebracht wären, werden im Folgenden Sachverhalte geschildert, die Optimierungspotenzial aufweisen.

Eine inhaltliche Problematik besteht darin, dass der Ansatz von Enterprise Scrum jung ist und aufgrund des Versterbens von Mike Beedle in der Form, wie er ihn sich vorgestellt hat, nicht weiterverfolgt wird. Daraus resultiert eine ungenaue Aussagekraft in Bezug auf den Literaturnachweis wie auch auf die thematische Richtigkeit. Es wurde versucht, anhand von Mitschriften, der von Mike Beedle veröffentlichten Definition und Ableitungen aus ähnlichen multidimensionalen Skalierungen von Scrum die Effekte und Funktionsweise von ES zu veranschaulichen. Des Weiteren besteht keine Forschung, die sich mit den positiven als auch negativen Effekten von ES auf den Unternehmenserfolg oder die erhöhte Agilität auseinandersetzt. Die Auswirkungen, die in dieser Arbeit vorgestellt werden, basieren auf theoretischen Vermutungen sowie Ableitungen aus ähnlichen agilen Modellen.

Ein weiterer Kritikpunkt besteht darin, dass nicht davon ausgegangen werden kann, dass jede Unternehmensebene und damit auch jede agile Instanz in ES durch den Einsatz von Servant Leadership verbessert werden kann. Wie bereits von Mike Beedle angedeutet wurde, muss der verwendete Führungsstil immer wieder an die Anforderungen der interdisziplinären Teams angepasst werden. Die vielversprechende Selbstorganisation und Autonomie der Teams ist nicht zwangsläufig zielführend. Ein wesentlicher Punkt, der für den verwendeten Führungsstil relevant ist, ist die mentale Verfassung und Bereitschaft der Mitarbeiter.

Aufgrund der limitierten Zeitspanne und des relativ geringen Umfangs der Arbeit konnte die Untersuchung der Eignung von Servant Leadership als agiles Führungsmodell im Rahmen von Enterprise Scrum nur angeschnitten werden. Negative Effekte von Servant Leadership als agiles Führungsmodell wurden nicht thematisiert. Der Anspruch eines Servant Leaders, stets im Interesse aller Stakeholder zu agieren und die bestmögliche Unterstützung und Entwicklungsmöglichkeiten für die Beteiligten zu bieten, weist hohes Stresspotenzial für Führungskräfte auf.

Abschließend lässt sich sagen, dass sich die Ergebnisse der Arbeit in den theoretischen Rahmen und somit in den Organisations- und Führungsforschungsstand eingliedern lassen. Auf den Grundlagen der Forschung aufbauend, wird im theoretischen Rahmen auf die Eignung von Servant Leadership als agiles Führungsmodell im Rahmen von Enterprise Scrum eingegangen, um einen Beitrag für zukünftige Forschungen zu liefern.

8 Fazit

Die Digitalisierung findet in jedem Bereich des Lebens statt und hat somit einen erheblichen Einfluss auf die Art der Kommunikation, der Arbeit, der Produktion, des Konsums und der Vernetzung. Unternehmen geraten durch immer kürzere Produktionszyklen, verstärkten Wettbewerb und somit auch steigenden Innovationsdruck in Bedrängnis, sich neu zu erfinden. Zusätzlich ändern sich Kundenverhalten und Kundenbedürfnisse, was dazu führt, dass diese vermehrt in den Innovationsprozess miteinbezogen werden müssen. Die Digitalisierung sorgt für einen Wandel der Arbeitswelt hin zu agilen Organisationsformen und Führungsstilen, die diesen Wandel unterstützen und fortführen. Führungspersonen sehen sich zunehmend mit der Herausforderung konfrontiert, sich mit Volatilität, Unsicherheit, Komplexität und Ambiguität auseinandersetzten zu müssen. Somit üben die Digitalisierung und ihre Konsequenzen Druck auf die Führungsebene sowie die Organisationsstruktur aus. Die Herausforderungen der Digitalisierung liegen darin, verschiedene Ebenen im Unternehmen agiler sowie Mitarbeiter und Teams selbstorganisierter, flexibler und autonomer zu gestalten. Ein wesentlicher Schritt, um Unternehmen agiler zu gestalten, liegt darin, Entwicklungsfreiräume und Entfaltungsmöglichkeiten zu bieten. Führungspersonen müssen in diesem Rahmen für Vernetzung und eine offene Kommunikationsstruktur sorgen, um in Zeiten des beschleunigten Wandels agiler zu werden. Aus diesem Grund müssen alternative Führungsmodelle für agile Organisationen geschaffen werden, die nicht auf delegierenden, sondern auf dienenden Prinzipien beruhen. Um eine Organisation langfristig erfolgreich zu gestalten und in Zukunft wettbewerbsfähig zu bleiben, müssen Organisations- und Führungsmodelle entwickelt werden, die das Innovationspotenzial der jeweiligen Organisation ausschöpfen und in diesem Zuge die Motivation und Innovation der Mitarbeiter erhöhen. Führungskräfte müssen Treiber und Befähigende des Wandels sein.

Servant Leadership als agiles Führungsmodell im Rahmen von Enterprise Scrum stellt eine Möglichkeit dar, eine Organisation agiler zu gestalten, indem Unternehmensebenen flacher und selbst organisiert aufgebaut werden und die Führung den Schwerpunkt auf die Entwicklung der Mitarbeiter setzt.

Wie im Rahmen dieser Arbeit gezeigt werden konnte, gibt es viele Potentiale, die aus der Kombination von Servant Leadership und Enterprise Scrum resultieren können. Im Wesentlichen stellt diese Arbeit heraus, dass das agile Führungsmodell des Servant Leaderships einen Handlungsspielraum benötigt, in dem der Servant

Leader agieren kann. Diesen Handlungsspielraum bietet das Enterprise Scrum Framework. Sind die Voraussetzungen für den Ansatz von Servant Leadership gegeben, bieten sich deutliche Potenziale hinsichtlich des Unternehmenserfolgs. Infolge des Adaptierens eines dienenden Führungsstils in der Rolle des Enterprise Scrum Coaches kann die Team Performance verbessert werden. Durch die Entwicklung der Mitarbeiter hin zu mehr Innovation und Selbstorganisation werden die im Enterprise Scrum Framework verwendeten Cycles der Unternehmensebenen effektiver. Aufgrund der erhöhten Innovationskraft wie auch der Autonomie der Mitarbeiter steigt auch die Sensibilität für Agilität im Unternehmen. Durch die verbesserte Team Performance erhöhen sich die Teameffektivität und somit auch der Erfolg der Organisation.

Im folgenden Abschnitt wird nun Bezug auf die in Kapitel 1.2 aufgestellten Forschungsfragen genommen. Die Forschungsfragen werden mittels der Erkenntnisse aus Kapitel sechs beantwortet.

Die erste Forschungsfrage lautet: Welche Potenziale bietet Servant Leadership als agiles Führungsmodell im Rahmen von Enterprise Scrum?

Durch die Integration von Servant Leadership als agiles Führungsmodell, konnten sich hinsichtlich der Team Performance positive Auswirkungen zeigen. Diese Auswirkungen sind auf die steigende Innovationskraft und Selbstorganisation der verschiedenen Mitarbeiter zurückzuführen. Der Aufbau von Vertrauen und psychologischer Sicherheit durch den Servant Leader, führt zu einer veränderten Wahrnehmung bezüglich der emotionalen Bindung sowie der Zuverlässigkeit der Mitarbeiter.

Die zweite Forschungsfrage lautet: Wie gestaltet sich die Anwendbarkeit von Servant Leadership als agiles Führungsmodell im Rahmen von Enterprise Scrum?

Die Anwendbarkeit des agilen Führungsmodells von Servan Leadership bietet hauptsächlich im mittleren Management Vorteile, da es Rahmenbedingungen benötigt, in der der Servant Leader agieren kann. Den Führungsstil auf höchster Unternehmensebene zu etablieren, bietet enormes Stresspotenzial für die Führungsperson. Somit ist die Anwendbarkeit von Servant Leadership in Kombination mit Enterprise Scrum auf die verschiedenen Instanzen der Unternehmung beschränkt.

8.1 Empfehlungen für weiterführende Forschung

Dieses Kapitell befasst sich damit, welche Empfehlungen für weiterführende Forschungsvorhaben gegeben werden können. Es ergeben sich aus den vorliegenden Ergebnissen neue Hinweise auf bestehenden Forschungsbedarf. Durch die Ergebnisse dieser Arbeit lassen sich folgende Empfehlungen für die Forschung aussprechen:

Die vorliegende Arbeit zeigt, dass das Modell Enterprise Scrum zu einer agilen Organisation beitragen kann, jedoch wäre es sinnvoll, die Auswirkungen von Enterprise Scrum auf verschiedene Branchen und Unternehmensgrößen zu erforschen. Anhand des aktuellen Forschungsstandes kann noch nicht aufgezeigt werden, inwieweit bestimmte Branchen oder Unternehmensgrößen besser für das agile Organisationsmodell geeignet sind.

Zudem sind die Auswirkungen von Servant Leadership auf der Organisations- und Teamebene noch nicht vollständig erforscht. Empirische Befunde zeigen zwar, dass der agile Ansatz der dienenden Führung positive Auswirkungen auf das Wohlbefinden und die Leistungsstärke der Geführten hat und somit zu einer besseren Teameffektivität führt, jedoch wurden die negativen Effekte, die Servant Leadership auf die führende Person haben kann, noch nicht ausreichend erforscht. Das Stresspotenzial für Führungspersonen, das durch die konsequente Ausrichtung auf Stakeholder, Teammitglieder und andere zugehörige Personen entsteht, kann erheblich sein. Zukünftige Forschung sollte sich somit auch zunehmend mit den Bedingungen und Folgen sowie unerwünschten Begleiterscheinungen von Servant Leadership befassen. Darüber hinaus sollten neben der weiteren theoretischen Fundierung des agilen Führungsmodells auch weitere empirische Studien bezüglich der verschiedenen Dimensionen von dienender Führung und ihrer Wirkmechanismen durchgeführt werden. Einen fundierten theoretischen Rahmen stellen hierfür Dierendonck sowie Liden et al. bereit.

Es wäre zudem ratsam, auch ein anderes Modell, das eine multidimensionale Skalierung von Scrum hin zu einer agilen Organisation bietet, als Alternative für Enterprise Scrum zu erforschen, um die Auswirkungen von Servant Leadership auf agile Organisationen zu untersuchen. Geeignet sind z. B. agile@scale oder das Spotify-Modell.

Anhang

Anhang 1: Abbildungen

Abbildung 1: Erfolgskritische Fähigkeit von Organisationen, Veränderungen in der Umwelt zu erkennen

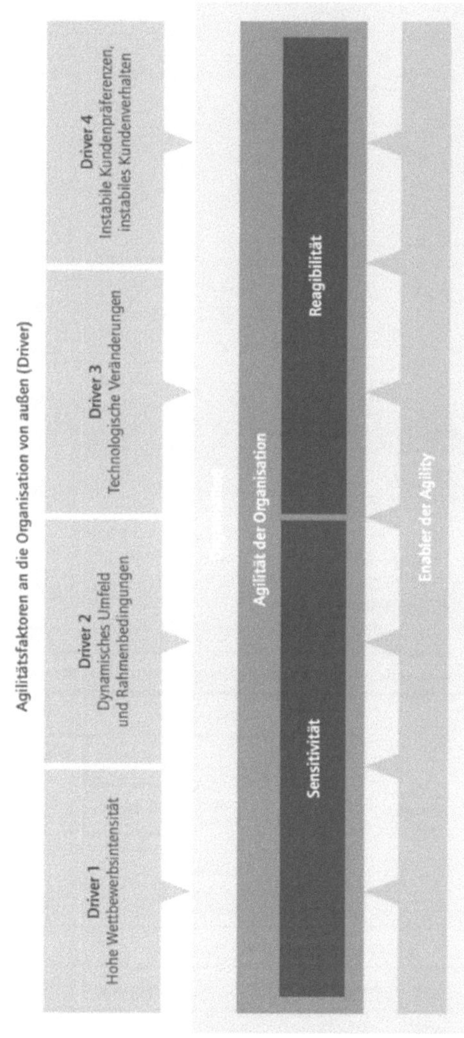

Quelle: Kienbaum Management Consultants, Change-Management-Studie 2014/2015, S. 7

Abbildung 2: Scrum-Prozess

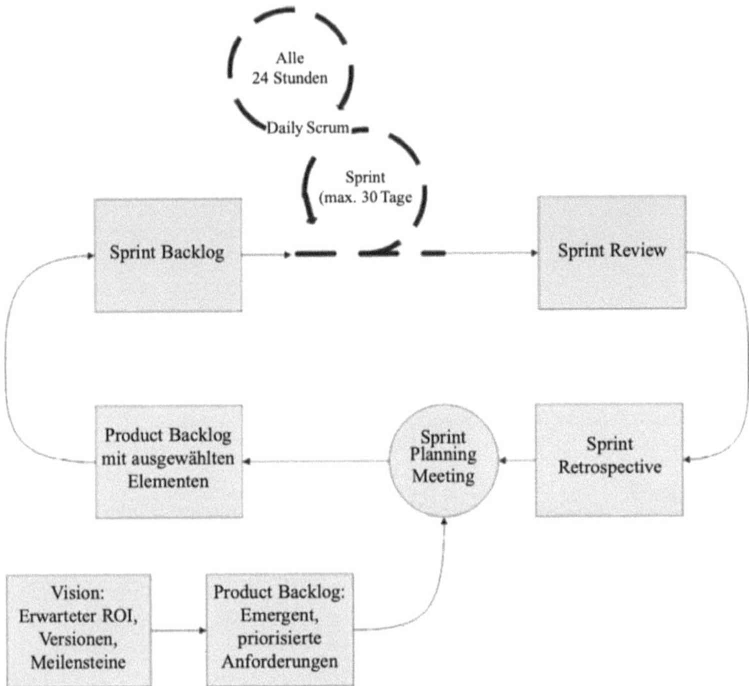

Quelle: Trepper, T., Agil-systemisches Softwareprojektmanagement, 2012, S. 79

Abbildung 3: ES – Business Model Canvas

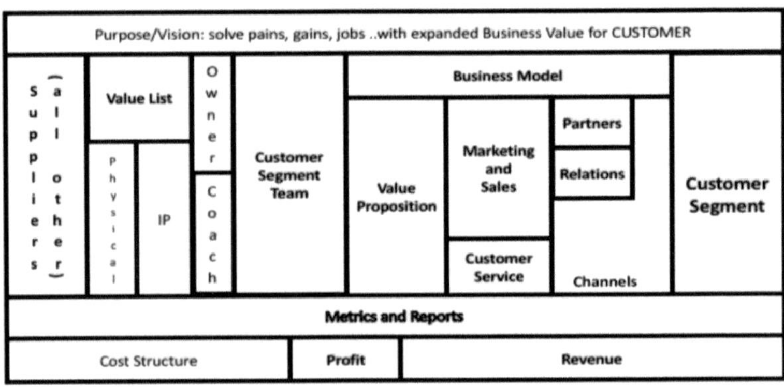

Quelle: Beedle, M., Enterprise Scrum, 2018, S. 33

Abbildung 4: ES – Scrum Board

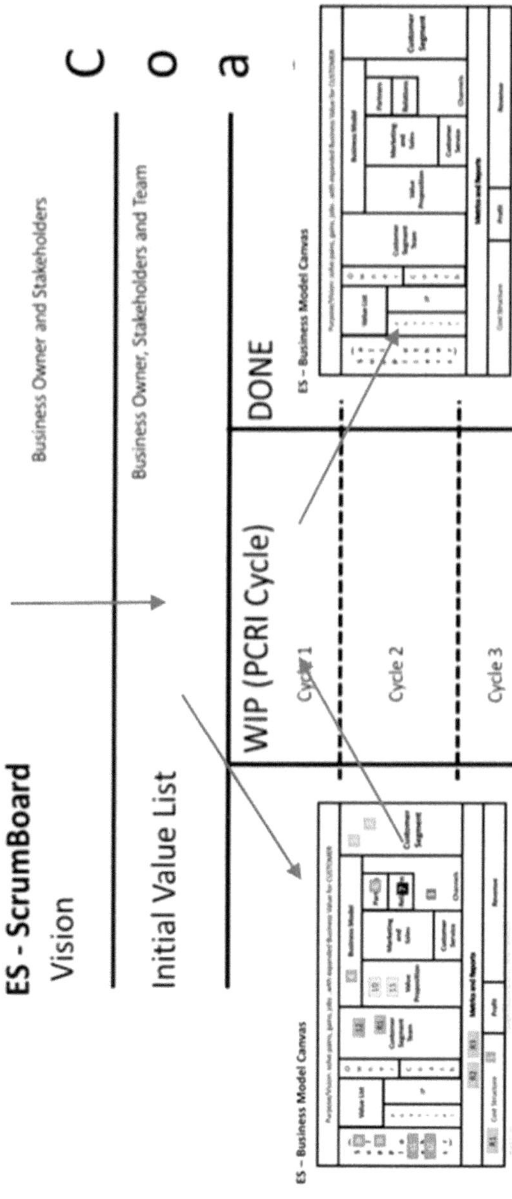

Quelle: in Anlehnung an Beedle, M., Enterprise Scrum, 2018, S. 84

Abbildung 5: Enterprise Scrum Team

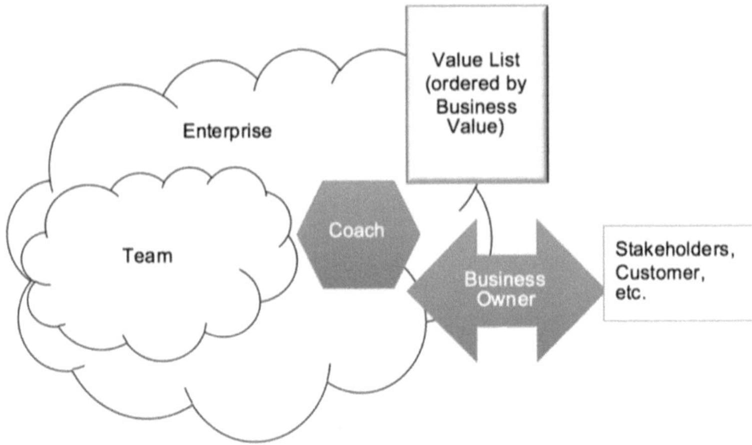

Quelle: Beedle, M., Enterprise Scrum: Business Agility for the 21St Century, 2018, S. 25

Abbildung 6: Cycle-Struktur in Enterprise Scrum

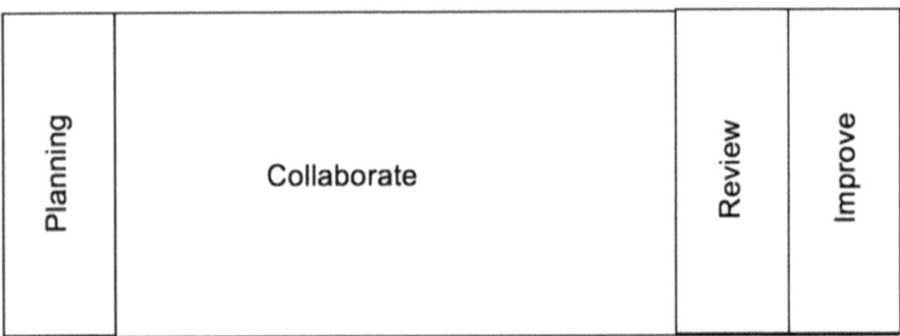

Quelle: Beedle, M., Enterprise Scrum: Business Agility for the 21St Century, 2018, S. 37

Abbildung 7: Enterprise Scrum – Business Agility for Companies of ANY Size

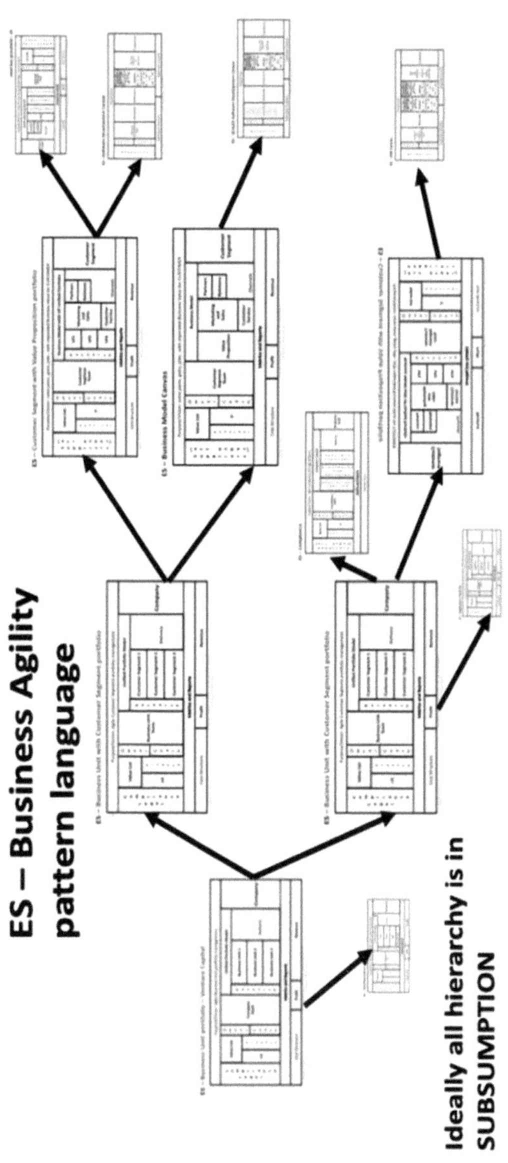

Quelle: Beedle, M., Enterprise Scrum: Business Agility for the 21St Century, 2018, S. 92

Abbildung 8: Enterprise Scrum Agile Leadership Model

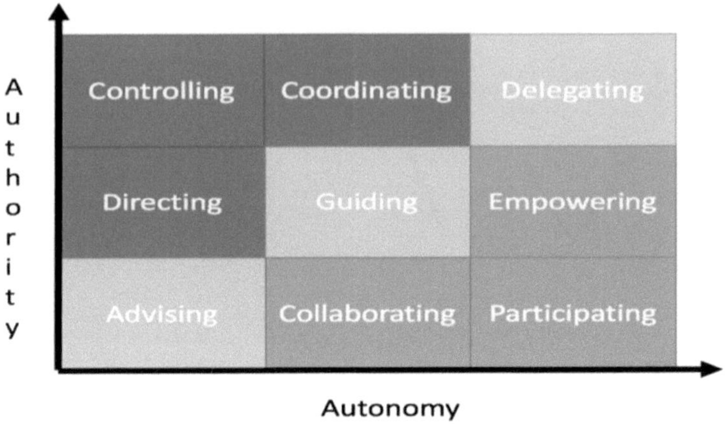

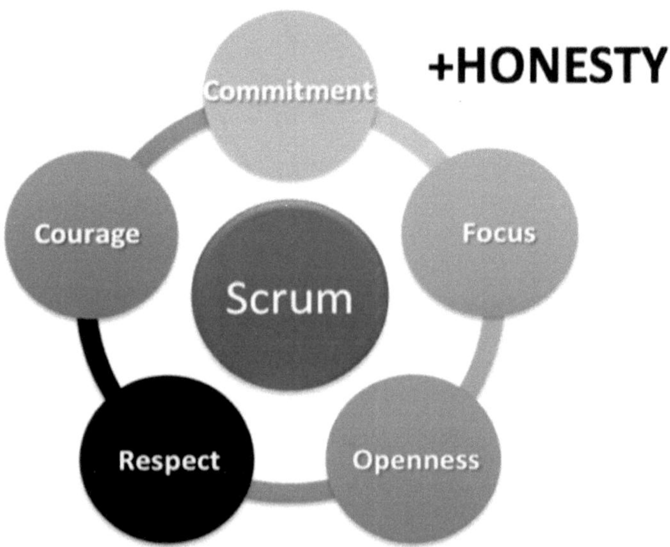

Quelle: Beedle, M., Enterprise Scrum: Business Agility for the 21St Century, 2018, S. 30

Abbildung 9: Enterprise Scrum Values

Quelle: Beedle, M., Enterprise Scrum: Business Agility for the 21St Century, 2018, S. 24

Abbildung 10: Conceptual Model of Servant Leadership in Scrum Teams

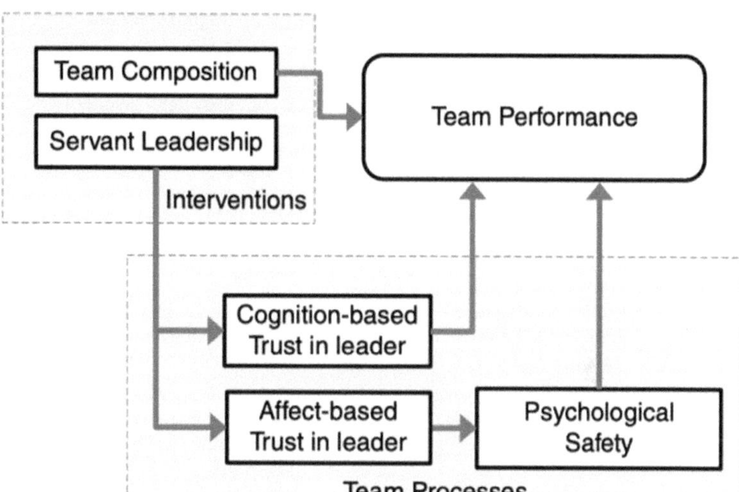

Quelle: Holtzhausen, N., de Klerk, J. J., Servant leadership and the Scrum team's effectiveness, 2018, S. 87

Anhang 2: Tabellen

Tabelle 1: Vergleich der Elemente von Scrum und Enterprise Scrum

Scrum	Enterprise scrum
Product owner – owner of a product	Business owner – owner of a business area
Scrum master – coaches scrum team to do scrum for product development	Enterprise scrum coach – configures enterprise scrum and coaches an enterprise scrum team
Product backlog – list to develop a product	Value list – list du deliver value for any activity
PBI (product backlog item) – feature or something else to be DONE in product development by passing a DOD	VLI (value list item) – anything that gets DONE and delivers value passing DID for ANY activity or domain
Sprint – 1–4 week time period with planning, review, retrospective and refinement	Cycle – configurable time box of any length (1 hr.–1 yr.) with configurable explicit options for the cycle (planning, collaboration, review, improve) with nesting allowed in time and structure, e. g. on week cycles contained in quarterly cycles contained in 1 yr. cycles
Scrum board – for product development	Enterprise scrum board – for general purpose; similar workflow to that of scrum board, but has a 'hat' of vision and initial value list
Product increment – an increment for product	Value increment – where value is delivered for ANY purpose

Quelle: In Anlehnung an Beedle, M., Enterprise Scrum, 2018, S. 18

Literaturverzeichnis

Aichele, C., Schönberger, M., (It-Projektmanagement, 2014): IT-Projektmanagement: Effiziente Einführung in das Management von Projekten, Wiesbaden: Springer Vieweg, 2014

Armutat, S. U., Dorny, H. J., Ehrmann H. M., Eisele, D., Frick, G., Grunwald, C., Heißling, K. H., Hillebrand, H., Stottki, B. (Agiles Personalmanagement, 2016): Agile Unternehmen: Agiles Personalmanagement, Frankfurt: Deutsche Gesellschaft für Personalführung e.V., 2016

Baumann-Habersack, F. H. (Mit neuer Autorität in Führung, 2017): Mit neuer Autorität in Führung: Die Führungsgestaltung für das 21. Jahrhundert, 2. Aufl., Wiesbaden: Springer Gabler, 2017

Beck, R., Schwarz, G. (Personalentwicklung, 2001): Personalentwicklung: Führen – Fördern – Fordern, 2. Aufl., Regensburg: Walhalla Fachverlag, 2004

Brandstäter, J. (Agile IT-Projekte erfolgreich gestalten, 2013): Agile IT-Projekte erfolgreich gestalten: Risikomanagement als Ergänzung zum Scrum, Wiesbaden: Springer Vieweg.

Cooke, N. J., Hilton, M. L. (Team-Effektivität, 2015): Enhancing the effectiveness of Team Science, Washington, DC: The National Academies Press, 2015

Edmondson, A. (Safety and Learning Behavior in Work Teams, 1999): Psychological safety and learning behavior in work teams, in: Administrative Science Quarterly, 44 (1999), Nr. 1, S. 350-383

Foegen, M., Kaczmarek, C. (Organisation in einer Digitalen Zeit, 2016): Organisation in einer digitalen Zeit: Ein Buch für die Gestaltung von reaktionsfähigen und schlanken Organisationen mit Hilfe von skalierten Agile & Lean Mustern, Darmstadt: Wibas GmbH, 2016

Gloger, B., Rösner, D. (Selbstorganisation, 2017): Selbstorganisation braucht Führung: Die einfachen Geheimnisse agilen Managements, München: Carl Hanser Verlag, 2017

Goll, J., Hommel, D. (Scrum, 2015): Mit Scrum zum gewünschten System, Wiesbaden: Springer Vieweg, 2015

Greenleaf, R. K. (Servant Leadership, 2008): The servant as leader, Atlanta, GA: The Greenleaf Center for Servant Leadership, 2008

Hartmann, M. (Servant Leadership, 2013): Servant Leadership in diakonischen Unternehmen, Stuttgart: Kohlhammer, 2013

Häusling, A., Rutz, B., Oimann, K., Oebbeke, B. (Agil anpassen, 2014). „Agil anpassen!" In: Personalmagazin, 11 (2014), S. 18-21

Hinterhuber, H. H., Saeed, M. M. (Grundgedanke der Führung, 2014): „Dienen" als Grundgedanke der Führung, in: Schnorrenberg, L. J., Stahl, H. K., Hinterhuber, H. H., Pircher-Friedrich, A. M., Cologna, G. (Hrsg.), Servant Leadership: Prinzipien dienender Führung in Unternehmen, 2.Aufl., 2014, S. 67-91e

Hofert S. (Agile Mindset, 2018): Das agile Mindset: Mitarbeiter entwickeln, Zukunft und Arbeit gestalten, Wiesbaden: Springer Gabler, 2018

Hoffmann, J., Roock, S. (Agile Unternehmen, 2018): Agile Unternehmen: Veränderungsprozesse gestalten, agile Prinzipien verankern, Selbstorganisation und neue Führungsstile etablieren, Heidelberg: dpunkt.verlag, 2018

Holtzhausen N., de Klerk, J. J. (Servant Leadership, 2018): Servant Leadership and the Scrum team's effectiveness, in Leadership & Organization: Development Journal, 39 (2018), Nr. 7, S. 873-882

Hu, J., Liden, R. C. (Team potency and team effectiveness, 2011): Antecedents of team potency and team effectiveness: an examination of goal and process clarity and servant leadership, in: Journal of Applied Psychology, 96 (2011), Nr. 4, S. 851-862

Korsten, M., Kaehler, B. (Leadership, 2010): Servant Leadership: Die Führungskraft als Diener? in: Fachmagazin Personalführung, 2010, S. 54-56

Kreuzer, R. T. (Führungs und Organisationskonzepte, 2018): Führungs- und Organisationskonzepte im digitalen Zeitalter kompakt: Agilität erreichen, Prozesse beschleunigen, Change-Management implementieren, Wiesbaden: Springer Gabler, 2018

Lewis, M. W., Andriopolus, C., Smith, W. K. (Leadership, 2014): Paradoxical Leadership to Enable Strategic Agility, in: University of California, Berkeley, 56 (2014), Nr. 3, S. 58-77.

Linder, D. (Agile Unternehmen, 2017): Agile Unternehmen: Zukunftsfähig in der digitalen Transformation, Projektify e.V, 2017

Maigatter, A. (Führung und Scrum-Teams, 2018): Gut zu wissen: Führung und Scrum-Teams – wie passt das zusammen? in: Wörwag, S., Cloots, A. (Hrsg.), Zukunft der Arbeit – Perspektive Mensch: Aktuelle Forschungskentnisse und Food Practices, 2018, S. 303-314

Maximini, D. (Scrum – Einführung in der Unternehmenspraxis, 2013): Scrum – Einführung in der Unternehmenspraxis: Von starren Strukturen zu agilen Kulturen, Heidelberg: Springer Gabler, 2013

McAllister, D. J., (Affect-based and cognition-based, 1995): Affect-based and cognition-based trust as foundation for interpersonal cooperation in organizations, in: Academy of Management Journal, 38 (1995), Nr. 1, S. 24-59

Melchar, D. E., Bosco, S. M. (Organization Performance, 2010): Achieving High Organization Performance through Servant Leadership, in: The Journal of Business Inquiry, 9 (2010), Nr. 1, S. 74-88

Merkle, H. L. (Dienen und Führen, 2001): Dienen und Führen: Erkenntnisse eines Unternehmers, Leipzig: Hohenheim Verlag, 2001

Omer, H., von Schlippe, A. (Stärke statt Macht, 2016): Stärke statt Macht: Neue Autorität in Familie, Schule und Gemeinde, 3. Aufl., Göttingen: Vandenhoeck & Ruprecht, 2016

Parris, D. L., Peachey, J. W. (servant leadership theory in organizational contexts, 2013): A Systematic Literature Review of Servant Leadership Theory in Organizational Contexts, in: Journal of Business Ethics, 113 (2012), S. 377-393

Paschek, P. (Personalberatung, 2004): Kardinaltugenden effektiver Personalberatung, in: Drucker, P. F., Paschek, P. (Hrsg.), Kardinaltugenden effektiver Führung, Wiesbaden: Springer Gabler, 2004, S. 117-32

Preußig, J. (Projektmanagement, 2015): Agiles Projektmanagement: Scrum, User Stories, Task Boards & Co., Freiburg: Haufe, 2015

Puchan, J., Stieber, S., Strube, J. (Agile Skalierungsframeworks, 2018): Aktuelle Herausforderungen von Entwicklungsprojekten und die Lösung durch agile Skalierungsframeworks, in: Anwendungen und Konzepte der Wirtschaftsinformatik, Nr. 7, S. 32-47

Röpstorff, S., Wiechmann, R. (Scrum, 2016): Scrum in der Praxis: Erfahrungen, Problemfelder und Erfolgsfaktoren, 2. Aufl., Heidelberg: dpunkt.verlag, 2016

Scheller. T. (Agile Organisation, 2017). Auf dem Weg zur agilen Organisation – Wie Sie Ihr Unternehmen dynamischer, flexibler und leistungsfähiger gestalten, München: Vahlen Verlag, 2017

Schmid, T., Aulinger, A. (Führung, 2009): Empathisches Führungsverhalten: Einschätzungen und Beobachtungen aus der Unternehmenspraxis, in: Zeitschrift Führung & Organisation, 6 (2009), S. 296-303

Schnorrenberg, L. J., Stahl, H. K., Hinterhuber, H. H., Pricher-Friedrich, A. M., Cologna, G. (Servant Leadership, 2014): Servant Leadership: Prinzipien dienender Führung in Unternehmen, 2. Aufl., Berlin: Erich Schmidt Verlag, 2014

Schwaber, K. (Agile Project Management, 2004): Agile Project Management with Scrum (Microsoft Professional), in: Microsoft Press, 2004

Sobiech, F. (IT-Anforderungen in Scrum, 2016): Abbildung von Synergiepotenzialen zwischen IT-Anforderungen in Scrum, Wiesbaden: Springer, 2016

Spears, L. C. (Servant Leadership in der Praxis, 2014): Die Erfolgsstory Servant Leadership in der Praxis, in: Schnorrenberg, L. J., Stahl, H. K., Hinterhuber, H. H., Pircher-Friedrich, A. M., Cologna, G. (Hrsg.), Servant Leadership: Prinzipien dienender Führung in Unternehmen, 2014, S. 137-143

Sutherland, J., Viktorov, A., Blount, J., Puntikov, N. (Distributed Scrum, 2007): Distributed Scrum: Agile Project Management with Outsourced Development Teams. In: 2007 40th Annual Hawaii International Conference on System Sciences (HICSS'07). Waikoloa, HI, USA

Trepper, T. (Softwareprojektmanagement, 2012): Agil-systemisches Softwareprojektmanagement, Wiesbaden: Springer Gabler, 2012

Verdorfer, A. P., Peus, C. (Leadership, 2015): Servant Leadership, in: Felfe, J., (Hrsg.), Trends der psychologischen Führungsforschung: Neue Konzepte Methoden und Erkenntnisse, 2015, S. 67-77

Weber, Frank, Berendt, Joachim (Robuste Unternehmen, 2017): Robuste Unternehmen: Krisenfest in Zeiten des Umbruchs, Wiesbaden: Springer Gabler, 2017

Zeichhardt, R. (E-Leader, 2018): E-Leader, CDOs & Digital Fools – eine Führungstypologie für den digitalen Wandel, in: Keuper, Schomann, Sikora, Wassef (Hrsg.), Disruption und Transformation Management: Digital Leadership – Digitales Mindset – Digitale Strategie, 2018, S. 3- 21

Zinkann, P. (Notizen zu Servant Leadership, 2007): Notizen zu Servant Leadership. In: in: Schnorrenberg, L. J., Stahl, H. K., Hinterhuber, H. H., Pircher-Friedrich, A. M., Cologna, G. (Hrsg.), Servant Leadership – Prinzipien dienender Unternehmensführung, 2007, S. 285-287

Internetquellen

Adam, K. (Changemanagement, o. J.): Changemanagement: Unternehmenskultur und Führung, keine Angabe, http://www.trainergemeinschaft-berlin.de/wp-content/uploads/2014/08/Changemanagement.pdf, (Zugriff 07-09-2019, 18:54 MEZ)

Beck, K. et al. (Agile Werte & Prinzipien, 2001): Manifest für Agile Softwareentwicklung (2001), https://agilemanifesto.org/iso/de/manifesto.html, (Zugriff 26-08-2019, 14:03 MEZ)

Beedle, M. (Enterprise Scrum Definition, 2018a): Enterprise Scrum definition: business agility for the 21st century (2018), http://static1.1.sqspcdn.com/static/f/608893/27795406/15154431649 47/Enterprise+Scrum+Definition.pdf?token=0D%2Bpor326XcQuQpDGczLT05boSw%3D, (Zugriff 23-08-2019, 12:45 MEZ)

- (Enterprise Scrum, 2018b): What is Enterprise Scrum? (2018), http://www.enterprisescrum.com/what-is-enterprise-scrum/, (Zugriff 23-08-2019, 12:34 MEZ)

Diestel, S. (Leadership, 2018): Die Kunst des Führens in der Digitalen Revolution, unter: https://www.stepstone.de/ueber-stepstone/wp-content/uploads/2018/08/Kienbaum-StepStone_Die-Kunst-des-Führens-in-der-digitalen-Revolution_Webversion.pdf, (Zugriff 13-09-2019, 18:34

Hermann, P. (Führung, 2017): Führung im Spannungsfeld der Digitalisierung – Wandel verantwortlich gestalten, unter: https://www.daimler-benz-stiftung.de/cms/images/dbs-bilder/veranstaltungen/15-innovationsforum/innovationsforum_15-digitalisierung3.pdf, (Zugriff 09-09-2019, 19:33 MEZ)

Mollbach, A., Bergstein, J. (Change-Management-Studie, 2014/2015): Agility – Überlebensnotwenig für Unternehmen in unsicheren und dynamischen Zeiten, in Kienbaum Management Consultants (2014/2015), http://assets.kienbaum.com/downloads/Change-Management-Studie-Kienbaum-Studie-2014-2015.pdf?mtime=20160810120630 (Zugriff 20-07-2019, 18:44 MEZ)

Overeem, B. (Scrum Master, 2017): The 8 Stances of a Scrum Master, 2017, unter: https://scrumorg-website-prod.s3.amazonaws.com/drupal/2017-05/The%208%20Stances%20of%20a%20Scrum%20Master%20Whitepaper%20v2_0.pdf, (Zugriff 23-09-2019, 17:33 MEZ)

Ravalani, K. (Scrum Master, 2019): The Scrum Master as a Servant-Leader (07-04-2019), https://agileforgrowth.com/blog/scrum-master-servant-leader/, (Zugriff, 10-09-2019, 13:57 MEZ)

Schwaber, K., Sutherland, J. (Scrum Guide, 2017): Der gültige Leitfaden für Scrum: die Spielregeln (2017), https://www.scrumguides.org/docs/scrumguide/v2017/2017-Scrum-Guide-German.pdf, (Zugriff 05-08-2019, 22:21MEZ)

Weibler, J. (Servant Leadership, 2018): Servant Leadership (18.-12-2018), https://www.leadership-insiders.de/servant-leadership/, (Zugriff 21-08-2019, 16:23 MEZ)